J.-B. BRINCOURT

Vert

TRISTES SOUVENIRS

(1870)

14

Pour la vérité.

SEDAN
IMPRIMERIE DE JULES LAROCHE
RUE GAMBETTA, 22
1897

TRISTES SOUVENIRS

J.-B. BRINCOURT

TRISTES SOUVENIRS

(1870)

Pour la vérité.

SEDAN
IMPRIMERIE DE JULES LAROCHE
RUE GAMBETTA, 22

1897

AU LECTEUR

En écrivant ces quelques pages, mon seul but est de dire la vérité et de tâcher de détruire les légendes qui, après vingt-six ans, semblent vouloir se perpétuer.

Ce récit paraîtra, j'espère, plus vivant, plus réel, étant donné qu'il émane, en dehors de tous commentaires, d'enquêtes sérieuses et de sources authentiques dans lesquelles j'ai puisé à pleines mains.

Sedan, le 1er Décembre 1896.

TRISTES SOUVENIRS

I

LE PLATEAU DE FRÉNOIS

La bataille de Sedan était engagée depuis quelques heures lorsque le Roi de Prusse, qui avait quitté Vendresse à six heures du matin, arriva, escorté de soldats de toutes armes, à la hauteur du village de Cheveuges. Descendant alors de voiture, Guillaume monta à cheval et gravit la colline qui aboutit au bois de la Marfée, afin de suivre la marche de la bataille. Sa suite était nombreuse : le chancelier comte de Bismarck, le chef du grand état-major général de Moltke, le ministre de la guerre de Roon, le prince Charles, les grands-ducs de Bade et de Saxe-Weimar, le duc de Saxe-Cobourg, le grand-duc héritier de Mecklembourg-Schwerin, le prince Guillaume de Wurtemberg, des généraux, des aides de camp, des maréchaux de la Cour, le comte de Hatzfeld, le général russe comte Kutusoff, attaché à l'ambassade, le colonel Walker, de l'armée anglaise, le général américain Sheridan et son aide de camp Forsyth, etc., l'accompagnaient, tous en uniforme, tous armés de longues-vues et de lorgnettes. Arrivé sur la colline, on en gagna le point culminant (1)

(1) De cet endroit, où se trouve une borne appelée depuis *Borne du Roi de Prusse*, on domine complètement la large vallée de la Meuse. Presque de face, et à trois mille mètres, Sedan, sur la rive droite du fleuve : à l'horizon, à la même hauteur que le plateau de Frénois et à environ cinq mille mètres de la ville, la forêt des Ardennes qui touche à la frontière belge. Entre la ville et la forêt, et se prolongeant fortement à gauche et à droite, de Saint-Menges à Bazeilles, les deux armées aux prises. Enfin, entre le plateau et la ville, la grande batterie bavaroise qui, par dessus Sedan qu'elle foudroie, lance une pluie d'obus jusque sur le champ de bataille.

et on fit halte à l'endroit choisi, dès la veille, par l'état-major du grand quartier général.

A cette heure, le brouillard épais de la nuit s'était déjà dissipé en partie. Le Roi resta longtemps debout, explorant l'horizon de sa longue-vue, et suivit toute la journée les péripéties de la bataille ; les autres spectateurs se couchèrent, pour la plupart, sur le gazon, afin de ne pas former de trop forts groupes, et on donna l'ordre de reporter derrière la crête les nombreux chevaux de la suite. Plus tard, quand on vit que les grosses pièces de la place, qui cependant étaient à bonne portée, n'inquiétaient pas le plateau de Frénois, on fit apporter des chaises, et chacun put assister plus commodément à la défaite de notre malheureuse armée.

Dans la matinée, le général Sheridan, s'approchant du chancelier, lui insinua que, peut-être, Napoléon était dans Sedan. « Oh ! non, répliqua M. de Bismarck ; le vieux renard est trop malin pour se faire prendre au piège ; il aura sans doute filé sur Paris. » En effet, on ne croyait pas que l'Empereur fût resté à Sedan, et la supposition d'un départ pour Paris était très répandue au quartier général.

Vers trois heures, les trois charges que notre cavalerie exécuta avec un élan magnifique sur l'infanterie allemande impressionnèrent vivement le Roi, qui ne put réprimer son admiration. « Ah ! les braves gens ! » s'écria-t-il.

Peu après, Guillaume, rassuré sur l'issue de la bataille, adressa à la Reine Augusta la dépêche suivante :

« Sur le champ de bataille de Sedan,
« 1er Septembre, 3 h. 1/4 du soir.

« Depuis sept heures et demie nous livrons bataille
« autour de Sedan. Garde, 4me, 5me, 11me, 12me corps et
« bavarois. L'ennemi est presque complètement rejeté
« dans la ville.

« GUILLAUME. »

A quatre heures, voyant que l'armée française refluait de plus en plus sur Sedan, le Roi ordonna le bombardement de la ville par les batteries de Frénois et de Wadelincourt, afin de hâter le dénouement.

A cinq heures, un officier s'approcha au grand galop et, s'adressant au Roi :

« Sire, dit-il, le général Bothmer fait savoir à Votre Majesté que le général Maillinger l'a informé qu'il est à Torcy avec le 5me bataillon de chasseurs. Les Français veulent capituler et l'on exige d'eux une capitulation sans conditions. »

A ces mots, le Roi répondit sèchement :

« Aucun autre que moi-même ne peut traiter cette affaire. Dites au général que le parlementaire doit se rendre auprès de moi. »

Quelques minutes après, un aide de camp vint rendre compte de la position critique de notre armée qui, tout entière, était, assurait-il, cernée autour de Sedan.

« Et l'Empereur ? demanda le Roi.

— On ne sait, » répondit l'officier.

A cinq heures et demie, Guillaume, jugeant que la bataille touchait à son terme, puisque le drapeau blanc flottait sur la citadelle, dépêcha le lieutenant-colonel de Bronsart de Schellendorff et le capitaine de Winterfeld, de l'état-major du grand quartier général, vers Sedan, avec mission de sommer, en son nom, le commandant en chef de l'armée française de capituler, avec l'armée et la place.

Le feu avait presque cessé partout, et les envoyés du Roi purent sans encombre gagner la porte de Paris.

Aussitôt le départ des deux officiers, Guillaume appela auprès de lui le prince royal qui venait d'arriver (1) et s'entretint avec lui, en présence du chancelier, de de Roon et de Moltke, du grand succès que ses armes venaient d'obtenir ; près d'eux, et à l'écart, se tenaient les ducs de Weimar et de Cobourg.

L'entretien terminé, le Roi invita son entourage à par-

1 Le prince royal occupait, pendant la bataille, le Mont-Piot.

tager son déjeuner : on mangea des côtelettes aux petits pois et du pain jugé excellent, arrosés de vins rouges et de xérès. La bière, qu'on avait fait venir du village de Frénois, fut, paraît-il, peu appréciée. Guillaume fit les honneurs de ce modeste repas avec beaucoup d'affabilité, rapporte un des convives, tout en ne cachant pas la bonne humeur que lui causait la joie d'avoir vaincu son redoutable ennemi.

Pendant ce temps, le colonel de Bronsart, ainsi que nous l'avons dit, était arrivé à la porte de Paris et se faisait reconnaître comme parlementaire, chargé par le Roi d'entrer en négociation avec le général en chef de l'armée française. Introduit dans la place, il est conduit, les yeux bandés et suivi d'un trompette du régiment de Ziethen, à la sous-préfecture, où il pensait que le maréchal de Mac-Mahon était logé.

Dans la cour de l'hôtel se trouvaient plusieurs officiers supérieurs : l'un d'eux, s'approchant vivement du parlementaire, lui demanda en allemand le but de sa visite. Presque immédiatement un général parut, pria le colonel de l'accompagner et l'introduisit dans un salon où, à sa grande surprise, il se trouva en présence de l'Empereur.

« Sire, dit-il, j'ai l'honneur d'être envoyé par Sa Majesté le Roi de Prusse pour...

— Mais, interrompit l'Empereur, est-ce que Sa Majesté est présente ?

— Oui, Sire, et avec toute l'armée.

— Alors, reprit Napoléon, vous aurez la bonté de lui remettre la lettre que je viens de lui écrire. »

Et l'empereur tendit au colonel une lettre fermée. Celui-ci s'inclina en la prenant et répondit :

« Mais, Sire, Sa Majesté le Roi désire qu'un officier supérieur lui soit envoyé pour régler les questions militaires qui s'imposent dans la situation actuelle.

— C'est juste, répondit Napoléon.

— Est-ce que je dois, dans ce cas, demanda le colonel, m'adresser au maréchal de Mac-Mahon ?

— Non, le maréchal est blessé ; c'est le général de Wimpffen qui a pris le commandement de l'armée ; lui seul peut être chargé de cette mission. Le général est encore sur le champ de bataille ; je vais envoyer à sa recherche et, à son retour, il se rendra au quartier général allemand. Attendez un moment, je vous ferai accompagner. »

Quelques instants après, Napoléon envoyait le général Reille, qu'il avait chargé de remettre personnellement au Roi de Prusse son message.

Aussitôt, l'aide de camp de l'Empereur et le parlementaire partaient pour le plateau de Frénois.

Le message portait (1) :

Monsieur mon frère

N'ayant pu mourir au
milieu de mes troupes il ne
me reste qu'à remettre
mon épée entre les mains
de Votre Majesté

Je suis de Votre Majesté
le bon frère

Napoléon

Sedan, 1er Septembre 1870

A mi-chemin, le colonel de Bronsart prit les devants et se hâta de gagner le plateau de Frénois. Arrivé près du Roi, il lui rendit compte de sa mission et lui annonça qu'il avait été reçu par l'Empereur lui-même.

« Par l'Empereur ? » demanda avec étonnement le Roi.

Cet étonnement s'accrut encore quand le parlementaire raconta les détails de son entrevue et lorsqu'il annonça que le général Reille, aide de camp de l'Empereur, allait bientôt paraître, porteur d'une lettre de Napoléon au Roi.

(1) Copie prise sur l'original, portant le chiffre de l'Empereur.

Cette nouvelle imprévue se répandit avec la rapidité de l'éclair, et chacun se précipita vers le groupe au milieu duquel se tenait Guillaume.

Vers sept heures, le général Reille, précédé d'un drapeau blanc et escorté de deux officiers allemands, parvint auprès du Roi qu'entourait une escorte de cuirassiers. Arrivés à une centaine de mètres de l'endroit où se trouvait Guillaume, le général et les officiers allemands s'arrêtèrent, puis un de ces derniers s'avança à cheval vers le Roi pour lui annoncer que le parlementaire qui l'accompagnait était un des aides de camp de Napoléon, chargé par son souverain de remettre une lettre autographe de l'Empereur à Sa Majesté.

Aussitôt le Roi, suivi du chancelier et des généraux de Moltke et de Roon, s'avança à la rencontre de l'envoyé de l'Empereur, et, arrivé à petite distance, seul en avant, il attendit.

Mettant pied à terre, et se découvrant, l'aide de camp de Napoléon présenta à Guillaume la lettre, scellée de cire rouge, dont il était porteur.

« Sire, dit-il, voici une lettre de la part de l'Empereur, et je n'ai aucune autre mission. »

Avant même de briser le cachet, le Roi s'écria :

« Mais, moi, j'ai avant tout une condition à poser : c'est que l'armée française mette bas les armes ! »

Aussitôt, tout l'entourage se mit à l'écart, et bientôt un silence de mort régna autour du souverain. On comprenait toute l'importance que devait avoir cette missive qui, peut-être, allait mettre fin à la guerre.

Guillaume, après avoir pris connaissance de la lettre de Napoléon, la tendit au comte de Bismarck qui la lut au prince royal et aux généraux de Moltke et de Roon.

Resté seul d'abord, et à quelque distance, le général Reille entra bientôt en conversation avec le prince royal et le duc de Cobourg, pendant que le Roi délibérait avec le chancelier et les généraux. Cette délibération terminée, le comte de Bismarck donna l'ordre d'apporter ce qu'il fallait pour écrire. On n'avait pas de table ; alors le major d'Alten plaça l'une sur l'autre deux chaises apportées en hâte ; le lieutenant de Gustedt, des hussards de la garde, plaça sa sabretache sur le siège de l'une qui servit de table ; l'encre et la plume furent fournies par le grand-duc de Saxe-Weimar ; le papier, timbré à l'aigle, et l'enveloppe par le prince royal.

La réponse fut rédigée en quelques lignes par le comte de Hatzfeld, après que les termes en eurent été arrêtés par les quatre personnages indiqués plus haut. Le Roi la copia, debout, d'une main ferme ; elle était ainsi conçue :

« MONSIEUR MON FRÈRE,

« En regrettant les circonstances dans lesquelles nous « nous rencontrons, j'accepte l'épée de Votre Majesté et je « la prie de vouloir bien nommer un de vos *(sic)* officiers « muni de vos *(sic)* pleins pouvoirs pour traiter de la « capitulation de l'armée qui s'est si bien battue sous « vos *(sic)* ordres. De mon côté, j'ai désigné le général « de Moltke à cet effet.

« Je suis de votre Majesté

« le bon frère,

« GUILLAUME.

« Devant Sedan, le 1er Septembre 1870. »

Aussitôt que la réponse royale lui fut remise, le général Reille retourna à Sedan ; il était accompagné par le capitaine Zingler, de l'état-major du grand quartier général, et d'un trompette de hulans, porteur d'un drapeau blanc.

Le parlementaire français était à peine parti que le Roi et le prince royal tombèrent dans les bras l'un de l'autre, se félicitant du succès immense qui les comblait de joie. Tous ceux qui étaient là se précipitèrent pour offrir leurs félicitations. La tension fiévreuse qui avait régné jusque-là fit place à un enthousiasme indescriptible. On s'embrassait, on pleurait de joie ! on poussait des vivats !

Le Roi demeura calme, mais chacun pouvait lire sur

son visage la profondeur de son émotion. A toutes les félicitations, Guillaume répondait simplement par un serrement de main ou quelques paroles. Il dit cependant au comte de Bismarck ces mots prophétiques : « Je crains bien que cet événement, qui appartient à l'histoire du monde, ne nous apporte pas encore la paix ! »

Puis le Roi fonda de pouvoirs le général de Moltke comme négociateur de la capitulation et prescrivit au chancelier de se joindre à lui pour le cas où des questions politiques seraient à traiter.

Un quart d'heure après, l'ordre suivant était envoyé à l'armée allemande :

« Des négociations sont entamées ; en conséquence,
« l'offensive demeurera suspendue de notre côté pendant
« la nuit. Il reste entendu cependant que toute tentative
« de l'ennemi pour forcer nos lignes sera repoussée par
« nos armes. Si les pourparlers devaient ne pas aboutir,
« les hostilités recommenceraient ; mais il y aurait lieu
« d'attendre pour cela le signal qui serait marqué par la
« reprise du feu des batteries établies sur les hauteurs à
« l'est de Frénois.

« De Moltke. »

La nuit était venue : le Roi reprit le chemin de Vendresse, tandis que le chancelier, de Molke et de Blumenthal, chef d'état-major du prince royal, se dirigeaient vers Donchery pour s'y installer et attendre les événements. Le prince royal, de son côté, se rendait à Chémery.

Partout, sur leur passage, des feux furent allumés, de sorte que les vainqueurs purent facilement se guider dans la nuit qui était sombre. Ils laissaient derrière eux Sedan, envahi par l'armée en désordre et sinistrement éclairé par les flammes de Bazeilles incendié.

Tout en chevauchant vers Donchery, le chancelier ne pouvait dissimuler la joie qu'il éprouvait en pensant à ce qui venait de se passer. L'Empereur était bien à Sedan ! Il avait rendu son épée ! Il était prisonnier !! En voyant son cousin si heureux d'un tel résultat, le comte de Bismarck-Bohlen, qui venait de rejoindre le cortège, s'approcha de lui et, lui tendant un flacon de cognac : « Tu as eu, dit-il, une rude journée ! Ne veux-tu pas te rafraîchir ? — Oui, certes, répliqua le chancelier, et je bois à l'unité de l'Allemagne ! » Et d'un trait il vida le flacon.

A Donchery, le général de Moltke, le comte de Bismarck et leur suite soupèrent à l'hôtel Courtois, puis gagnèrent les logis qui avaient été désignés pour les recevoir.

De son côté, le Roi, après avoir repris sa voiture au bas de la côte de Cheveuges, arrivait à Vendresse vers onze heures. Son premier soin fut, avec son entourage, de porter un toast à l'armée qui venait de remporter un succès, peut-être inespéré.

II

CHEZ L'EMPEREUR

Presque au moment où le général Reille atteignait le plateau de Frénois, le général de Wimpffen, qui n'avait pu réussir dans sa tentative désespérée vers Bazeilles, rentrait de son côté dans Sedan et, mécontent de ce que son souverain avait, à son insu, fait arborer le drapeau blanc, adressait à l'Empereur sa démission de commandant en chef par la lettre suivante :

« SIRE,

« Je n'oublierai jamais les marques de bienveillance « que vous m'avez accordées, et j'aurais été heureux, pour « la France et pour Vous, d'avoir pu terminer la journée « par un glorieux succès. Je n'ai pu arriver à ce résultat, « et je crois bien faire en laissant à d'autres le soin de « conduire nos armées.

« Je crois, en cette circonstance, devoir donner ma « démission de commandant en chef et réclamer ma mise « à la retraite.

« Je suis avec respect,
« Sire,
« Votre tout dévoué serviteur.

« DE WIMPFFEN. »

Au reçu de cette lettre, l'Empereur fit mander le général Ducrot. « Général, lui dit-il, le général de Wimpffen vient de m'envoyer sa démission. Il faut que vous preniez le commandement de l'armée pour aller traiter de la capitulation.

— Sire, répondit le général, je ne peux pas accepter ce rôle-là ; ce n'est pas le moment de prendre le commandement maintenant. Le général de Wimpffen n'a pas le droit de donner sa démission dans ce moment-ci. Insistez, Sire, pour qu'il vienne prendre vos ordres. D'ailleurs, le commandant du 7me corps est le plus ancien divisionnaire, et Votre Majesté pourrait, en cas de refus du général en chef, s'adresser au général Douay. »

L'Empereur fit alors appeler le commandant du 7me corps et lui demanda de se charger de prendre des mesures promptes (mesures devenues indispensables) pour rétablir l'ordre dans l'armée. Le général se disposait à s'acquitter de la mission qu'il venait de recevoir quand, en sortant de la sous-préfecture, on lui fit observer qu'en acceptant de donner des ordres à l'armée dans les conditions présentes, il se condamnait à mettre son nom au bas de l'acte de capitulation. Le général n'y avait pas songé ; mais la perspective d'endosser la responsabilité d'une situation qu'il n'avait pas créée le ramena auprès de l'Empereur. Il déclara à Sa Majesté n'avoir pas qualité pour exercer un commandement sur l'armée, du moment où le général de Wimpffen n'était ni tué, ni blessé.

Napoléon, se voyant dans la nécessité de refuser la démission du général de Wimpffen, lui écrivit :

« Général,

« Vous ne pouvez pas donner votre démission lorsqu'il « s'agit encore de sauver l'armée par une honorable capi- « tulation. Je n'accepte donc pas votre démission. Vous « avez fait votre devoir toute la journée, faites-le encore. « C'est un service que vous rendrez au pays. Le Roi de « Prusse a accepté l'armistice et j'attends ses proposi- « tions.

« Croyez à mon amitié.

« Napoléon. »

Le général de Wimpffen, se rendant, bien à contre-cœur, aux considérations contenues dans la lettre de l'Empereur, se décida à rester quand même général en chef, et, un peu après huit heures, il se présentait à la sous-préfecture, accompagné de ses officiers, le comte d'Ollonne (1) et le marquis de Laizer (2).

Comme on faisait quelques difficultés pour laisser pénétrer le général de Wimpffen auprès de l'Empereur, sous prétexte que Sa Majesté était en conférence avec le prince impérial qui, en réalité, avait quitté Sedan depuis deux jours, celui-ci, irrité, éleva la voix et déclara qu'il se retirerait s'il n'était pas immédiatement reçu. A la suite de quelques allées et venues, le général fut enfin introduit dans le cabinet de l'Empereur, où il trouva rassemblés les généraux Faure, Castelnau, Ducrot, et d'autres encore, avec leurs aides de camp.

On tenait conseil.

« Sire, dit le général en chef, si j'ai perdu la bataille, si « j'ai été vaincu, c'est que mes ordres n'ont pas été exé« cutés ; c'est que vos généraux ont refusé de m'obéir ! »

A ces mots, le général Ducrot bondit, et, se plaçant en face du général de Wimpffen, il s'écria :

« Que dites-vous ? Et qui a refusé de vous obéir ? A « qui faites-vous allusion ? Serait-ce à moi, par hasard ? « Hélas ! vos ordres n'ont été que trop bien exécutés ! Si « nous avons subi un affreux désastre, plus affreux que « tout ce qu'on peut rêver, c'est à votre folle présomption « que nous le devons ! Seul vous en êtes responsable, car « si vous n'aviez pas arrêté le mouvement de retraite, en « dépit de nos instances, nous serions maintenant en « sûreté à Mézières, ou, du moins, hors des atteintes « de l'ennemi !

« — Eh bien ! puisque je suis incapable, répondit le

(1) Le comte était capitaine commandant au 12me chasseurs à cheval.

(2) Le marquis était auditeur au Conseil d'Etat et officier de la garde mobile.

« général de Wimpffen, raison de plus pour que je ne « conserve pas le commandement !

« — Non ! non ! riposta le général Ducrot, vous avez « revendiqué le commandement ce matin, quand vous « pensiez qu'il y avait honneur et profit à l'exercer. Je ne « vous l'ai pas contesté, alors qu'il était peut-être contes- « table ; mais, à l'heure qu'il est, vous ne pouvez plus le « refuser ! Vous seul devez endosser la honte de la capi- « tulation !

« — Je n'ai pensé, répliqua le général de Wimpffen, à « prendre le commandement en chef qu'en vous voyant « ordonner une retraite qui aurait précipité la défaite et « qui aurait immédiatement fait déposer les armes. J'ai « cru que mon devoir et notre honneur nous prescri- « vaient de chercher, dans la prolongation de la lutte, « d'autres chances de succès. Je n'ai pas obtenu le résultat « que j'espérais, mais je suis tout prêt à en supporter les « conséquences. Je me sens assez fort et assez dévoué « pour pourvoir encore aux derniers intérêts de l'armée. « Du reste, Général, je ne suis pas venu pour discourir « avec vous et pour écouter vos oiseuses protestations ; « veuillez vous retirer. »

Sur les instances de l'Empereur, qui désirait voir cesser cette triste polémique, le général Ducrot et les autres assistants se retirèrent.

Restés seuls, le général de Wimpffen déclara à son souverain qu'il était prêt à remplir jusqu'au bout le rôle malheureux qui lui était dévolu.

L'Empereur écrivit alors la lettre suivante, qui investissait le général de tous les pouvoirs nécessaires pour traiter avec l'ennemi :

« L'Empereur Napoléon III ayant donné le commande- « ment en chef au général de Wimpffen, à cause de la « blessure du maréchal de Mac-Mahon qui l'empêchait de « remplir son commandement, le général de Wimpffen a « tous les pouvoirs pour traiter des conditions à faire à

« l'armée, que le Roi de Prusse reconnaît avoir vaillam-
« ment combattu.

« NAPOLÉON. »

Le général de Wimpffen se disposa aussitôt à exécuter la douloureuse mission dont ce mandat le chargeait; mais auparavant, pour le repos de sa conscience, il crut devoir prendre le conseil de tous les généraux de l'armée française et leur demander s'ils croyaient, ou non, qu'il fût possible de prolonger la résistance en défendant la place forte dans laquelle l'armée était enfermée. Une vingtaine de généraux (1) répondirent à son appel.

Dans cette conférence, qui eut lieu à l'hôtel de la Croix d'Or, il s'adressa spécialement aux généraux commandant l'artillerie et le génie de l'armée, les généraux Forgeot et Dejean, leur demandant quels étaient les moyens matériels qu'ils pouvaient encore mettre à la disposition des troupes et si l'on voulait soutenir un siège.

Le général Forgeot déclara que l'armement de la place de Sedan, tel qu'il avait été préparé avant la guerre, était absolument insuffisant, parce qu'il ne comportait rien comme approvisionnements en munitions de guerre; que, d'autre part, les munitions de l'artillerie de l'armée étaient entièrement épuisées, et qu'en conséquence son opinion était que la forteresse ne pouvait soutenir un siège.

Le général Dejean se prononça dans le sens de la même opinion.

Le général Ducasse, qui commandait le génie du 12me corps, objecta que son cœur de soldat se révoltait à la pensée que l'armée en était réduite à ne pouvoir se défendre plus longtemps; il invoqua le souvenir de la défense de Gênes par Masséna.

Les généraux Pellé et Carrey de Bellemare appuyèrent le général Ducasse.

Plusieurs généraux leur firent remarquer que l'armée

(1) Le temps pressant, il n'avait pas été possible d'en prévenir davantage.

qui avait défendu Gênes n'était en rien comparable avec celle qui était enfermée dans Sedan. La première avait devant Gênes, entre elle et l'ennemi qui l'assiégeait, une vaste étendue de terrain sur laquelle elle avait la liberté de ses mouvements ; en outre, elle ne manquait pas de munitions, tandis qu'il en était tout autrement pour les troupes que l'on voudrait employer à la défense de Sedan.

Les généraux Ducasse, Carrey de Bellemare et Pellé furent invités par leurs collègues à proposer les moyens qu'ils pouvaient imaginer pour qu'on pût soutenir un siège : ils restèrent muets.

Un général fit le triste tableau de l'aspect que présentait l'armée dans les rues de Sedan, où les soldats de toutes armes, confondus entre eux, ne pouvaient circuler qu'avec la plus grande difficulté, serrés qu'ils étaient les uns contre les autres. Il fit remarquer que si quelques troupes, en assez bon ordre, avaient pu être disposées sur les remparts, les autres, qui formaient une cohue indescriptible, non seulement ne pouvaient être utilisées dans la défense de la place, mais paralyseraient celle-ci, à supposer qu'on eut des munitions nécessaires pour l'entreprendre.

Trop étroite pour contenir, en dehors de sa population et des fuyards des environs, une armée de 60 à 70,000 hommes, avec ses bagages, ses munitions, ses chevaux et ses blessés, la ville offrait alors, en effet, le spectacle du désordre le plus affreux. On s'écrasait littéralement dans les rues, et les cœurs se serraient à la pensée qu'un bombardement allait peut-être, d'un instant à l'autre, anéantir toutes ces masses affolées.

Le général de Wimpffen reconnut la justesse de ces arguments et déclara qu'il était aussi d'avis que la place de Sedan ne pouvait se défendre. Il leva la séance en annonçant aux généraux présents qu'il allait se rendre au grand quartier général de l'armée allemande pour chercher à obtenir les conditions les moins mauvaises pour l'armée française et qu'il invitait tous les généraux à se réunir le lendemain matin, à six heures, pour entendre le récit de l'entrevue qu'il allait avoir avec le comte de Moltke.

Aussitôt, le général en chef monta à cheval et partit pour Donchery. Le général Castelnau l'accompagnait pour débattre les intérêts de l'Empereur. La suite du général de Wimpffen se composait des généraux Faure et Besson, du comte d'Ollonne, du marquis de Laizer et du capitaine d'Orcet, du 4me cuirassiers.

Au moment où on atteignait la porte de Paris, un nouveau parlementaire allemand y arrivait, de son côté, pour adresser une dernière sommation. Il se chargea de conduire le général de Wimpffen auprès de son général en chef.

III

A DONCHERY

Arrivé un peu avant dix heures au grand quartier général ennemi, qui s'était installé dans la maison de M. Eugène Amour, ancien notaire et maire de Donchery, le général en chef de l'armée française se fit reconnaître. Comme la partie droite du rez-de-chaussée (salon et salle à manger) avait été convertie en ambulance au début des hostilités, le général de Wimpffen fut introduit dans la partie gauche où se trouvait le cabinet du maire. Ce cabinet, tapissé en vert et assez grand, avait été préalablement disposé en vue de la conférence qui allait avoir lieu. Déjà plusieurs officiers allemands s'y étaient installés. Au bout de dix minutes d'attente, entrèrent le chef du grand état-major, de Moltke, qui occupait le premier étage de la maison, le chancelier fédéral, chargé par son souverain de régler les questions politiques qui pourraient surgir, le chef d'état-major du Prince royal, de Blümenthal, et le quartier-maître général, de Podbielski. Après un salut assez sommaire, le général de Moltke demanda au général de Wimpffen s'il avait des pouvoirs et sur sa réponse affirmative il demanda à les vérifier : ce qui fut fait. Puis le général de Wimpffen présenta les généraux Faure et Castelnau. Le général de Moltke s'informa alors quelle était la situation présente des deux généraux. Le général Faure répondit qu'il était venu, comme chef d'état-major du maréchal de Mac-Mahon, pour accompagner le général de Wimpffen, mais sans aucun caractère officiel. Le général Castelnau dit qu'il venait apporter une communication verbale et officieuse de la part de l'Empereur, mais que cette communication n'aurait son utilité qu'à la fin de la conférence, à laquelle d'ailleurs il n'avait pas qualité pour prendre autrement part. Le général de Moltke nomma alors au général de Wimpffen, en les désignant de la main, le comte de Bismarck et le général de Blümenthal, et l'on s'assit.

Au centre du cabinet se trouvait une table carrée, recouverte d'un tapis rouge ; à l'un des côtés de cette table, le général de Moltke avait pris place, ayant à sa gauche le chancelier et à sa droite le général de Blümenthal ; du côté opposé, le général de Wimpffen était seul, ayant derrière lui, et presque dans l'ombre, les généraux Faure et Castelnau et les autres officiers français. Derrière le général de Moltke se tenaient quatre officiers allemands. Sur un signe du général de Blümenthal, l'un d'eux, le capitaine comte de Nostitz alla s'accouder sur la cheminée pour sténographier ce qui allait se dire (1).

Après un court moment de silence, le général de Wimpffen prit la parole.

« Je désirerais connaître les conditions de capitulation, « dit-il, que Sa Majesté le Roi de Prusse est dans l'intention « de nous accorder ?

« — Elles sont bien simples, répondit le général de « Moltke, l'armée tout entière est prisonnière avec armes « et bagages : on laissera aux officiers leurs armes, comme « un témoignage d'estime pour leur courage, mais ils « seront prisonniers de guerre, comme la troupe.

« — Ces conditions sont bien dures, Général, répliqua « le général de Wimpffen, et il me semble que, par son « courage, l'armée française mérite mieux que cela. Est-ce « qu'elle ne pourrait pas obtenir une capitulation dans les « conditions suivantes ? On vous remettrait la place et son « artillerie, vous laisseriez l'armée se retirer avec ses « armes, ses bagages et ses drapeaux, à la condition de ne

(1) De son côté le capitaine d'Orcet, du 4me cuirassiers (aujourd'hui général), en faisait autant et c'est à lui que nous devons le compte-rendu que nous empruntons à *La Journée de Sedan*, par le général Ducrot.

« plus servir pendant la guerre contre la Prusse. L'Empe-
« reur et les généraux s'engageraient pour l'armée, et les
« officiers s'engageraient personnellement, et par écrit,
« aux mêmes conditions ; puis cette armée serait conduite
« dans une partie de la France, désignée par la Prusse
« dans la capitulation, ou en Algérie pour y rester jusqu'à
« la conclusion de la paix. »

Comme le général de Moltke maintenait froidement sa demande, le général de Wimpffen reprit :

« J'arrive, il y a deux jours, d'Afrique, du fond du désert :
« j'avais jusqu'ici une réputation militaire irréprochable
« et voilà qu'on me donne un commandement au milieu
« du combat et que je me trouve fatalement obligé d'atta-
« cher mon nom à une capitulation désastreuse dont je
« suis forcé d'endosser toute la responsabilité, sans avoir
« préparé moi-même la bataille dont la capitulation est la
« suite. Vous qui êtes officier général comme moi, vous
« devriez comprendre toute l'amertume de ma situation
« mieux que personne ! Il vous est possible d'adoucir pour
« moi cette amertume, en m'accordant de plus honorables
« conditions ! Pourquoi ne le feriez-vous pas ? Je sais bien
« que la plus grande cause de notre complet désastre a été
« la chute, dès le début de la journée, du vaillant maréchal
« qui commandait avant moi ; il n'aurait peut-être pas été
« vainqueur, mais il aurait pu du moins opérer une
« retraite heureuse. Quant à moi, si j'avais commandé la
« veille, je ne veux pas dire que j'aurais mieux fait que le
« maréchal de Mac-Mahon et gagné la bataille, mais j'aurais
« pu préparer une retraite, ou du moins, connaissant
« mieux nos troupes, j'aurais réussi à les réunir dans un
« suprême effort pour faire une trouée. Au lieu de cela,
« on m'impose le commandement au milieu même de la
« bataille, sans que je connaisse ni la situation, ni les
« positions de mes troupes. Malgré tout, je serais peut-être
« parvenu à faire une percée ou à battre en retraite, sans
« un incident personnel qu'il est du reste inutile de relater.
« D'ailleurs, si vous ne pouvez m'accorder de meilleures

« conditions, je ne puis accepter celles que vous voulez « m'imposer : je ferai appel à mon armée, à son honneur, « et je parviendrai à faire une percée, ou je me défendrai « dans Sedan.

« — J'ai bien, interrompit le général de Moltke, une « grande estime pour vous ; j'apprécie votre situation et « je regrette de ne pouvoir rien faire de ce que vous me « demandez. Mais quant à tenter une sortie, cela vous est « aussi impossible que de vous défendre dans Sedan. « Certes vous avez des troupes qui sont réellement excel- « lentes, vos infanteries d'élite sont remarquables, votre « cavalerie est audacieuse et intrépide, votre artillerie est « admirable, et nous a fait grand mal, trop de mal, mais « une grande partie de votre infanterie est démoralisée : « nous avons fait aujourd'hui plus de 20,000 prisonniers « non blessés ; il ne vous reste actuellement pas plus de « 80,000 hommes. Ce n'est pas dans de pareilles conditions « que vous pourrez percer nos lignes, car sachez que j'ai « autour de vous en ce moment encore 220,000 hommes « et 500 bouches à feu, dont 300 sont déjà en position pour « tirer sur Sedan. Les 200 autres y seront demain au point « du jour. Si vous voulez vous en assurer, je puis faire « conduire un de vos officiers dans les différentes positions « qu'occupent mes troupes et il pourra témoigner de « l'exactitude de ce que je vous dis. Quant à vous défendre « dans Sedan, cela vous est tout à fait impossible : vous « n'avez pas pour quarante-huit heures de vivres et vous « n'avez plus de munitions.

« — Alors, dit le général de Wimpffen, j'insiste pour « que l'armée française soit internée en France ou en « Algérie, et j'invoque, comme précédents, les capitula- « tions de Mayence et de Gênes, pour nos armées, et celle « d'Ulm, pour l'Autriche. L'engagement de ne pas servir « pendant la durée de la guerre, n'est-il pas, comme alors « une garantie suffisante ? Du reste, je crois qu'il est de « votre intérêt, même au point de vue politique, de nous « accorder la capitulation honorable à laquelle a droit

« l'armée que j'ai l'honneur de commander. Vous allez « faire la paix, et sans doute vous désirez la faire bientôt : « plus que toute autre, la nation française est généreuse « et chevaleresque et par conséquent sensible à la générosité « qu'on lui témoigne, et reconnaissante des égards qu'on « a pour elle : si vous nous accordez des conditions qui « puissent flatter l'amour-propre de l'armée, le pays en « sera également flatté. Cela diminuera l'amertume de sa « défaite, et une paix, conclue sous de pareils auspices, « aura chance d'être durable, car vos procédés généreux « auront ouvert la porte à un retour vers des sentiments « réciproquement amicaux, tels qu'ils doivent exister « entre deux grandes nations voisines et tels que vous « devez les désirer. En persévérant au contraire dans des « mesures rigoureuses à notre égard, vous exciteriez, à « coup sûr, la colère et la haine dans le cœur de tous les « soldats ; l'amour-propre de la nation tout entière sera « offensé grièvement, car elle se trouvera solidaire de son « armée et ressentira les mêmes émotions qu'elle. Vous « réveillerez ainsi tous les mauvais instincts endormis par « le progrès de la civilisation, et vous risquerez d'allumer « une guerre interminable entre la France et la Prusse. »

En entendant ces dernières paroles, le chancelier fédéral jugea qu'elles étaient de sa compétence, et il répondit :

« Votre argumentation, Général, paraît, au premier « abord, sérieuse, mais elle n'est au fond que spécieuse « et ne peut soutenir la discussion. Il faut croire, en « général, fort peu à la reconnaissance, et en particulier « nullement à celle d'un peuple ; on peut croire à la reconnaissance d'un souverain, à la rigueur à celle de sa « famille ; on peut même, en quelques circonstances, y « ajouter une foi entière, mais, je le répète, il n'y a rien « à attendre de la reconnaissance d'une nation. Si le « peuple français était un peuple comme les autres, s'il « avait des institutions solides, si, comme le nôtre, il « avait le culte et le respect de ses institutions, s'il avait « un souverain établi sur le trône d'une façon stable,

« nous pourrions croire à la gratitude de l'Empereur et à « celle de son fils, et attacher un prix à cette gratitude ; « mais en France, depuis quatre-vingts ans, les gouver- « nements ont été si peu durables, si multipliés, ils ont « changé avec une rapidité si étrange et si en dehors de « toute prévision, que l'on ne peut compter sur rien de « votre pays et que fonder des espérances sur l'amitié « d'un souverain français serait, de la part d'une nation « voisine, un acte de démence : ce serait *vouloir bâtir en « l'air*. Et, d'ailleurs, ce serait folie que de s'imaginer que « la France pourrait nous pardonner nos succès. Vous êtes « un peuple irritable, envieux, jaloux et orgueilleux à « l'excès : depuis deux siècles la France a déclaré vingt « fois la guerre à l'Allemagne ; et, cette fois-ci, vous nous « l'avez déclarée, comme toujours, par jalousie, parce que « vous ne pouviez nous pardonner notre victoire de « Kœniggrætz, et pourtant Kœniggrætz ne vous avait rien « coûté et n'avait pu en rien atteindre votre gloire ! Mais « il vous semblait que la victoire était un apanage qui « vous était uniquement réservé, que la gloire des armes « était pour vous un monopole ; vous n'avez pu supporter, « à côté de vous, une nation aussi forte que vous ; vous « n'avez pu nous pardonner Kœniggrætz, où vos intérêts « ni votre gloire n'étaient nullement en jeu. Et vous nous « pardonneriez le désastre de Sedan ? Jamais ! Si nous « faisions maintenant la paix, dans cinq ans, dans dix ans, « dès que vous le pourriez, vous recommenceriez la guerre, « voilà toute la reconnaissance que nous aurions à attendre « de la nation française ! Nous sommes, nous autres, au « contraire de vous, une nation honnête et paisible, que « ne travaille jamais le désir des conquêtes et qui ne « demanderait qu'à vivre en paix, si vous ne veniez cons- « tamment nous exciter par votre humeur querelleuse et « conquérante ! Aujourd'hui, c'en est assez ; il faut que la « France soit châtiée de son orgueil, de son caractère « agressif et ambitieux. Nous voulons pouvoir enfin assu- « rer la sécurité de nos enfants, et pour cela il faut que

« nous ayons entre la France et nous un glacis ; il faut un
« territoire, des forteresses et des frontières qui nous
« mettent, pour toujours, à l'abri de toute attaque de votre
« part.

« — Votre Excellence, dit le général de Wimpffen, se
« trompe dans le jugement qu'elle porte sur la nation
« française. Vous en êtes à ce qu'elle était en 1815 et vous
« la jugez d'après les vers de quelques poètes ou les écrits
« de quelques journaux. Aujourd'hui les Français sont
« bien différents : grâce à la prospérité de l'Empire, tous
« les esprits sont tournés à la spéculation, aux affaires,
« aux arts ; chacun cherche à augmenter la somme de son
« bien-être et de ses jouissances, et songe bien plus à ses
« intérêts particuliers qu'à la gloire. On est tout prêt à
« proclamer en France la fraternité des peuples. Voyez
« l'Angleterre ! Cette haine séculaire qui divisait la France
« et l'Angleterre, qu'est-elle devenue ? Les Anglais ne
« sont-ils pas aujourd'hui nos meilleurs amis ? Il en sera
« de même pour l'Allemagne, si vous vous montrez géné-
« reux, si des rigueurs intempestives ne viennent pas
« raviver des passions éteintes !

« — Je vous arrête ici, Général, reprit, d'un air de
« doute, le comte de Bismarck ; non, la France n'est pas
« changée ! C'est elle qui a voulu la guerre (1) et c'est pour
« flatter cette manie populaire de la gloire, dans un intérêt
« dynastique, que l'Empereur Napoléon III est venu nous
« provoquer !

« Nous savons bien que la partie raisonnable et saine
« de la France ne poussait pas à la guerre ; néanmoins elle
« en a accueilli l'idée volontiers ; nous savons bien que ce
« n'était pas l'armée non plus qui nous était le plus hos-
« tile ; mais la partie de la France qui poussait à la guerre,
« c'est celle qui fait et défait les gouvernements ! Chez
« vous, c'est la populace, ce sont les journalistes : ce sont

(1) Il est désormais établi pour l'histoire, que la cause déterminante de la guerre fut la fameuse dépêche d'Ems, falsifiée audacieusement et odieusement par Bismarck avec la complicité de de Moltke.

« ceux-là que nous voulons punir. Il faut pour cela que « nous allions à Paris. Qui sait ce qui va s'y passer? Peut-« être se formera-t-il chez vous un de ces gouvernements « qui ne respecte rien, qui fait des lois à sa guise, qui ne « reconnaîtra pas la capitulation que vous aurez signée « pour l'armée, qui forcera peut-être les officiers à violer « les promesses qu'ils nous auraient faites, car on voudra, « sans doute, se défendre à tout prix. Nous savons bien « qu'en France on forme vite des soldats ; mais de jeunes « soldats ne valent pas des soldats aguerris ; et d'ailleurs, « ce qu'on n'improvise pas, c'est un corps d'officiers, ce « sont même les sous-officiers. Nous voulons la paix, mais « une paix durable et dans les conditions que je vous ai « dites. Pour cela il faut que nous mettions la France « dans l'impossibilité de nous résister. Le sort des batailles « nous a livré les meilleurs soldats, les meilleurs officiers « de l'armée française ; les mettre gratuitement en liberté, « pour nous exposer à les voir de nouveau marcher contre « nous, serait folie ; ce serait prolonger la guerre, et l'in-« térêt de nos peuples s'y oppose. Non, Général, quel que « soit l'intérêt qui s'attache à votre position, quelque « flatteuse que soit l'opinion que nous avons de votre « armée, nous ne pouvons acquiescer à votre demande et « changer les premières conditions qui vous ont été « faites !

« — Eh bien ! riposta, avec dignité, le général de « Wimpffen, il m'est également impossible, à moi, de « signer une telle capitulation... Nous recommencerons la « bataille. »

Après un moment de silence, le général Castelnau, jugeant que la discussion était close, prit la parole à son tour.

« Je crois l'instant venu, dit-il, de transmettre le mes-« sage de l'Empereur.

« — Nous vous écoutons, Général, répondit le chancelier.

« L'Empereur, continua le général Castelnau, m'a chargé

« de faire remarquer à Sa Majesté le Roi de Prusse, qu'il « lui avait envoyé son épée, sans conditions, et s'était « personnellement rendu absolument à sa merci, mais « qu'il n'avait agi ainsi que dans l'espérance que le Roi « serait touché d'un si complet abandon, qu'il saurait « l'apprécier et, qu'en considération, il voudrait bien « accorder à l'armée française une capitulation plus hono- « rable et telle qu'elle y a droit par son courage.

« — Est-ce tout? demanda M. de Bismarck.

« — Oui, répondit le général.

« — Mais, dit le chancelier, quelle est l'épée qu'a rendue « l'Empereur Napoléon III ? Est-ce l'épée de la France, ou « son épée à lui ? Si c'est celle de la France, les conditions « peuvent être singulièrement modifiées, et votre message « aurait un caractère des plus graves, car il équivaudrait « à une proposition de paix.

« — C'est seulement l'épée de l'Empereur, répliqua le général.

« — En ce cas, reprit vivement le général de Moltke, « cela ne change rien aux conditions. L'Empereur « obtiendra pour sa personne tout ce qu'il lui plaira de « demander. »

Puis s'adressant au général de Wimpffen :

« Général, la trêve expire demain à quatre heures du « matin ; si d'ici là la capitulation n'est pas signée, à « quatre heures précises, j'ouvrirai le feu. Il m'est impos- « sible de rien changer aux premières mesures que nous « vous avons indiquées ! »

A ces paroles, toute l'assemblée se leva. En attendant les chevaux qu'on avait demandés, personne ne dit mot. Ce silence fut glacial.

Tout à coup, reprenant la parole, M. de Bismarck dit :

« Oui, Général, vous avez de vaillants soldats : je ne « doute pas qu'ils ne fassent demain des prodiges de « valeur et ne nous causent des pertes sérieuses, mais à « quoi cela servirait-il ? Demain soir, vous ne serez pas « plus avancé qu'aujourd'hui, et vous aurez seulement sur

« la conscience le sang de vos soldats et des nôtres que « vous aurez fait couler inutilement. Qu'un moment de « dépit ne vous fasse pas rompre la conférence ! M. le « général de Moltke va vous convaincre, je l'espère, que « tenter de résister serait folie de votre part. »

On se rassit, et le général de Moltke reprit :

« Je vous affirme de nouveau, Général, qu'une percée « ne pourra jamais réussir, quand même vos troupes « seraient dans les meilleures conditions possibles ; car, « indépendamment de la grande supériorité numérique « de mes hommes et de mon artillerie, j'occupe des posi- « tions d'où je puis brûler Sedan dans quelques heures ! « Ces positions commandent toutes les issues par lesquelles « vous pouvez essayer de sortir du cercle où vous êtes « enfermés et sont tellement fortes qu'il est impossible de « les enlever.

« — Oh ! interrompit le général de Wimpffen, elles ne « sont pas aussi fortes que vous voulez le dire, ces posi- « tions !

« — Vous ne connaissez pas la topographie des environs « de Sedan, répliqua le général de Moltke, et voici un « détail bizarre, et qui peint bien votre nation présomp- « tueuse et inconséquente : à l'entrée de la campagne, « vous avez fait distribuer à tous vos officiers des cartes « de l'Allemagne, alors que vous n'aviez pas le moyen « d'étudier la géographie de votre pays, puisque vous « n'aviez pas de cartes de votre propre territoire. Eh bien ! « moi, je dis que nos positions sont tellement fortes, « qu'elles sont formidables et inexpugnables !

« — Alors, Général, riposta le général de Wimpffen, je « profiterai de l'offre que vous avez bien voulu me faire « au début de la conférence : j'enverrai un officier voir ces « forces formidables dont vous me parlez, et, à son retour, « je verrai et prendrai une décision !!

« — Vous n'enverrez personne ! s'écria durement le « général de Moltke, c'est inutile ! Vous pouvez me croire, « et d'ailleurs vous n'avez pas longtemps à réfléchir, car

« il est minuit. C'est à quatre heures du matin qu'expire « la trêve et je ne vous accorderai pas un instant de « sursis !!

« — Pourtant, observa le général de Wimpffen, vous « devez bien comprendre que je ne puis prendre seul une « telle décision ! Il faut que je consulte mes collègues : je « ne sais où les trouver tous à cette heure dans Sedan ; il « me sera impossible de vous donner réponse pour quatre « heures. Il est donc indispensable que vous m'accordiez « une prolongation de trêve ! »

Après s'être consulté avec le chancelier, le général de Moltke répondit :

« Comme atténuation même aux conditions rigoureuses « que nous vous imposons, nous permettrons à ceux de « vos officiers qui prendront, par écrit et sur l'honneur, « l'engagement de ne plus servir d'ici à la fin de la guerre, « de se rendre librement dans leurs foyers. Quant à la « prolongation de la trêve, je vous l'accorde jusqu'à neuf « heures du matin, mais ce sera la dernière limite. »

La conférence était terminée. A une heure du matin, le général de Wimpffen rentrait à Sedan. Aussitôt le départ des parlementaires français, l'état-major du grand quartier général allemand s'occupa de rédiger le texte de la capitulation ne doutant pas que l'armée française, complètement cernée, serait obligée de se soumettre aux clauses telles qu'elles avaient été formulées.

De son côté, sitôt arrivé à Sedan, le général de Wimpffen se rendait directement chez l'Empereur qu'il trouva couché.

« Sire, lui dit-il, on me propose les plus dures condi- « tions pour l'armée. J'ai tenté, sans succès, d'en obtenir « de meilleures. Je ne compte plus que sur les démarches « de Votre Majesté pour nous sortir, aussi honorablement « que possible, de notre malheureuse situation. »

Puis le général fit à Napoléon III le récit de ce qui s'était passé à Donchery.

« Général, répondit alors l'Empereur, à cinq heures du

« matin je partirai pour le quartier général allemand et « je verrai à ce que le Roi nous soit plus favorable. »

Le général, en quittant Napoléon, avait la mort dans l'âme ; en proie aux terribles angoisses qui l'agitaient, il ne put songer au moindre repos. Pendant le reste de la nuit, il parcourut la ville, attendant avec une fébrile impatience, la réunion de tous les généraux qu'il avait convoqués en Conseil de guerre pour sept heures du matin.

IV

LE CONSEIL DE GUERRE

Le 2 septembre, suivant les instructions du général en chef, un Conseil de guerre composé de trente-deux généraux s'assembla à sept heures du matin.

La séance ouverte, le général de Wimpffen, en proie à une vive émotion, les larmes aux yeux, la parole entrecoupée par les sanglots, fit à ses compagnons d'armes le récit de la tragique entrevue qu'il avait eue pendant la nuit avec le comte de Moltke et M. de Bismarck.

« Par ordre de l'Empereur, dit-il, je me suis rendu la « nuit dernière près du général en chef de l'armée alle- « mande en vue d'obtenir de lui les meilleures conditions « possibles pour notre armée. »

Puis le général raconta en détail tout ce qui s'était dit dans cette douloureuse conférence.

Les généraux, qui avaient écouté le général en chef dans un morne silence, furent profondément attristés en entendant ces conditions, les plus dures qui aient jamais été inscrites dans le code des lois de la guerre.

Le général Lebrun prit alors la parole et représenta au général en chef que, si la capitulation était inévitable, il lui était impossible de laisser introduire dans le protocole qui la consacrerait, une clause autorisant les officiers à prendre l'engagement dont il avait donné la formule. « On ne trouvera pas, ajouta-t-il, un seul officier assez « oublieux de ses devoirs envers le pays, et de son honneur, « pour signer l'engagement dont il s'agit. A la guerre, la « fortune est changeante ! Qui sait si les vaincus, qui « seront prisonniers de guerre demain, ne pourront pas,

« avant que la guerre soit terminée, reprendre les armes « et servir encore la patrie! D'ailleurs, si nos soldats « doivent être prisonniers, est-ce que leurs officiers pour- « raient, sans se déshonorer, ne pas partager leur sort? »

Le général Dejean, commandant en chef le génie de l'armée, appuya les paroles du général Lebrun : il fit remarquer au général en chef que la conduite des officiers placés dans les circonstances où l'on se trouvait était toute tracée dans un article du règlement sur le service en campagne qui stipulait que l'officier commandant une troupe, faite prisonnière de guerre, avait pour devoir strict de partager le sort de ses soldats.

Le général de Wimpffen répondit qu'en ne repoussant pas la concession faite par le général en chef de l'armée allemande, il avait été mû uniquement par son désir d'atténuer, autant que possible, ce qu'il y avait d'affreux dans la situation des officiers.

Cette question traitée, le général Carrey de Bellemare déclara que les conditions proposées étaient inacceptables et qu'il fallait, coûte que coûte, se défendre dans la place. Le général Pellé, à son tour, proposa une sortie.

Mais ces deux généraux informés, le premier, qu'il n'y avait dans toute la ville que pour une journée de vivres, le second, que l'ennemi occupait les portes de Sedan, adhérèrent comme leurs collègues à la nécessité d'une capitulation.

A ce moment, il était neuf heures, et le capitaine Zingler, de l'état-major prussien, se présenta, demandant, au nom du général de Moltke, à voir le général en chef de l'armée française.

Le général de Wimpffen ayant ordonné d'introduire l'officier allemand, celui-ci lui dit :

« Par ordre de notre général en chef, je suis envoyé « près de vous pour vous exposer qu'il y a urgence extrême « à ce que vous lui fassiez connaître vos résolutions. Je « suis chargé de vous rappeler que c'est à dix heures pré- « cises que l'artillerie de notre armée doit ouvrir le feu

« sur Sedan, si, d'ici là, vous n'avez pas notifié votre « décision. Il est neuf heures, c'est à peine si j'aurai le « temps de la porter à notre grand quartier général, au « cas où vous voudriez me la remettre.

« — A l'heure qu'il est, répondit le général de Wimpffen, « l'Empereur a dû voir le Roi Guillaume. Mais j'ignore « encore le résultat de l'entrevue qui a eu lieu entre les « deux souverains. Je désirerais qu'il me fût possible de « le savoir avant de rien décider.

« — L'entrevue dont vous parlez, Général, reprit l'offi- « cier allemand, ne peut en aucune façon arrêter l'action « militaire des deux armées. Ce sont les généraux en chef, « seuls, qui ont les pouvoirs nécessaires pour la continuer « ou y mettre fin. »

Le général de Wimpffen pria alors le capitaine d'attendre quelques instants. L'officier allemand sorti, le général Lebrun fit remarquer au général de Wimpffen que discuter plus longtemps était d'autant plus oiseux et intempestif que l'envoyé du général de Moltke avait été uniquement chargé du soin de lui donner communication de la déclaration qu'il venait de lui faire et que dès lors sa mission était remplie ; et il ajouta, que le mieux serait de se rendre sur-le-champ près du général de Moltke, afin de discuter avec lui pour défendre les intérêts de l'armée. Le général de Wimpffen se rendit à cet avis ; alors le général Lebrun lui demanda de vouloir bien ordonner que l'on rédigeât immédiatement un procès-verbal de la séance du Conseil de guerre qui venait d'avoir lieu. Le général en chef, approuvant le général Lebrun, le chargea, ainsi que les généraux Ducrot et Faure, d'établir le procès-verbal et il fut décidé que les généraux présents, s'en rapportant à ce que feraient ceux de leurs camarades chargés d'en arrêter les termes, les commandants de corps d'armée, seuls, signeraient le document.

Quittant le Conseil, le général de Wimpffen passa dans une pièce voisine pour mettre ses épaulettes sur sa tunique et prendre son épée, puis, accompagné du capitaine Zingler, il partit pour le quartier général prussien, avec les généraux Borel et Lepic. Le procès-verbal fut rédigé alors, et quand il eut été arrêté, le général Faure se chargea de le soumettre à l'approbation et à la signature du général en chef aussitôt qu'il rentrerait. Les généraux convinrent ensuite de demeurer en permanence à la résidence du général de Wimpffen jusqu'à son retour.

Le procès-verbal du Conseil de guerre était ainsi conçu :

« Au quartier général, à Sedan, 2 septembre 1870.

« Aujourd'hui, 2 septembre, à sept heures du matin, « sur la convocation du général en chef, un Conseil de « guerre, auquel ont été appelés les généraux comman- « dant les divisions et les commandants en chef l'artillerie « et le génie de l'armée, a été réuni.

« Le général commandant a exposé ce qui suit :

« D'après les ordres de l'Empereur, et comme consé- « quence de l'armistice intervenu entre les deux armées, « j'ai dû me rendre auprès de M. le comte de Moltke, « chargé des pleins pouvoirs du Roi de Prusse, dans le but « d'obtenir les meilleures conditions possibles pour l'ar- « mée, refoulée dans Sedan, après une bataille malheu- « reuse.

« Dès les premiers mots de notre entretien, je reconnus « que M. le comte de Moltke avait malheureusement une « connaissance parfaite de notre situation et qu'il savait « bien que l'armée manquait de vivres et de munitions. « M. de Moltke m'a appris que dans la journée d'hier nous « avions combattu une armée de 220,000 hommes qui « nous entourait de toute part. « Général, m'a-t-il dit, « nous sommes disposés à faire à votre armée, qui s'est si « vaillamment battue aujourd'hui, les conditions les plus « honorables ; toutefois, il faut que ces conditions soient « compatibles avec les exigences de la politique de notre « gouvernement. Nous demandons que l'armée française « capitule ; elle sera prisonnière de guerre ; les officiers « conserveront leurs épées et leurs propriétés personnelles ;

« les armes de la troupe seront déposées dans un magasin « de la ville pour nous être livrées. »

« Le général a demandé aux officiers généraux, qui « faisaient partie du Conseil de guerre, si, dans leur « pensée, la lutte était encore possible ; la majorité a « répondu non ; deux généraux seuls ont exprimé l'opi- « nion qu'on devrait, ou se défendre dans la place, ou « chercher à sortir de vive force. On leur a fait observer « que la défense de la place était impossible, parce que les « vivres et les munitions manquaient absolument ; que « l'entassement des hommes et des voitures dans les rues « rendait toute circulation impossible ; que, dans ces condi- « tions, le feu de l'artillerie ennemie, déjà en position sur « les hauteurs environnantes, produirait un affreux car- « nage, sans aucun résultat utile ; que le débouché était « impossible, puisque l'ennemi occupait déjà les barrières « de la place et que ses canons étaient braqués sur les « avenues étroites qui y conduisent. Ces deux officiers « généraux se sont rendus à l'avis de la majorité.

« En conséquence, le Conseil a déclaré au général en « chef qu'en présence de l'impuissance matérielle de pro- « longer la lutte, nous étions forcés d'accepter les condi- « tions qui nous étaient imposées, tout sursis pouvant « nous exposer à subir des conditions plus douloureuses « encore.

« De Wimpffen. — A. Ducrot.
Général Lebrun. — F. Douay.
Général Forgeot. — Ch. Dejean. »

V

A LA MAISON DU TISSEUR

Ainsi qu'il l'avait promis la veille au général de Wimpffen, l'Empereur, accompagné des généraux Castelnau, de la Moskowa, Reille, Pajol et Vaubert de Genlis, quitta la sous préfecture vers cinq heures du matin. Il était en landau découvert. Arrivé à la porte de Paris, Napoléon demanda en allemand à l'officier du premier avant-poste prussien où était le Roi. Cet officier répondit qu'il supposait que le quartier général de Sa Majesté devait être à Donchery. Traversant alors les lignes du 5me bataillon de chasseurs bavarois, établi depuis la veille aux abords de la place, l'Empereur se dirigea vers la ville indiquée. Chemin faisant, Napoléon pensa qu'avant de voir le Roi de Prusse, il ferait bien de conférer en particulier avec le chancelier fédéral, et dans ce but il dépêcha le général Reille vers Donchery, avec mission de demander au comte de Bismarck une entrevue, en dehors de la ville.

Le chancelier était logé chez M. le docteur Jeanjot avec son cousin le comte de Bismarck-Bohlen, et le docteur Maritz-Busch, son secrétaire particulier. Vers six heures, son domestique le réveilla et le prévint qu'un général français était devant la porte et qu'il désirait lui parler. M. de Bismarck se leva aussitôt, et, par la fenêtre, s'entretint un instant avec le général Reille qu'il avait reconnu. Informé que Napoléon se trouvait sur la route de Sedan, à proximité de Donchery, et qu'il désirait conférer avec lui, le chancelier répondit qu'il allait se mettre en mesure de rejoindre l'Empereur le plus tôt possible. Le général Reille s'éloigna et le comte de Bismarck s'habilla à la hâte, endossa sa tenue du régiment jaune de grosse cavalerie de la landwehr, chaussa ses grosses bottes graissées, se coiffa de sa vieille casquette blanche, passa un revolver à sa ceinture, et, sans prendre le temps de déjeuner, partit à cheval, accompagné de son cousin, en tenue des dragons de la garde.

Entre Donchery et la ferme de Bellevue (1), le chancelier fédéral rencontra l'Empereur. Celui-ci, portant l'uniforme de général de division, un caban doublé de rouge jeté sur ses épaules, était arrêté, avec sa voiture, au milieu de la route. Près de lui, et autour du landau, se tenaient les généraux qui l'avaient suivi. En arrivant à la hauteur de la voiture, le comte de Bismarck arrêta son cheval et fit le salut militaire. L'Empereur y répondit en soulevant son képi ; son entourage l'imita. Alors le chancelier mit pied à terre, s'approcha de la portière du côté de Napoléon et se découvrant : « Sire, dit-il, je salue Votre Majesté comme je saluerais mon Roi. » Puis il demànda les ordres de l'Empereur.

A quelques pas de là, un groupe de soldats allemands était réuni, surveillant, sans en avoir l'air, le cortège impérial ; plus loin, et à l'écart, le général américain Sheridan et son aide de camp étaient arrêtés sur la route. Ayant rencontré l'Empereur à sa sortie de Sedan, ils étaient revenus sur leurs pas pour être témoins de ce qui allait se passer.

Napoléon, qui croyait le Roi de Prusse au quartier général de Donchery, exprima tout d'abord le désir de le voir, mais le chancelier lui ayant appris que son souverain était à Vendresse, à *trois milles* de distance, il demanda si Sa Majesté avait fixé un lieu où il pût se rendre de suite. Le comte de Bismarck, qui, en réalité, de concert avec le général de Moltke, ne voulait pas que les deux souverains eussent une entrevue avant que la capitulation ne fût signée, répondit par la négative. Il ajouta, qu'arrivé pen-

(1) Voisine du château de ce nom.

dant la nuit à Donchery, la contrée lui était inconnue, mais qu'il mettait à la disposition de Sa Majesté la maison qu'il occupait dans cette ville.

L'Empereur accepta et on partit au pas, le chancelier précédant la voiture. Arrivé à quelques centaines de mètres du pont qui relie Donchery à la route, Napoléon, craignant sans doute de se trouver au milieu des troupes ennemies, qui effectivement encombraient la ville, fit arrêter son landau devant une maison isolée qui se trouvait placée à l'intérieur des terres, à une vingtaine de mètres sur le côté gauche de la route (1).

La maison paraissait abandonnée. L'Empereur demanda au comte de Bismarck s'il pouvait y entrer ; celui-ci accéda à son désir et, appelant son cousin, il lui dit de la visiter. Cette maison n'était pas abandonnée ; ses propriétaires, les deux frères, Fournaise Alexandre et Fournaise-Liban, ainsi que sa femme, venaient d'y rentrer. Réfugiés dès le 31 août à Donchery, ils avaient eu, en y revenant, la satisfaction de trouver leur demeure inoccupée. Le rez-de-chaussée où habitait Fournaise Alexandre avait été pillé par l'ennemi et beaucoup de paille était répandue dans les deux chambres où des soldats allemands avaient couché. Le domicile de son frère, au premier étage, avait été respecté. Au moment où les deux frères terminaient ces constatations, la porte d'entrée s'ouvrit précipitamment et le cousin du chancelier aperçevant Fournaise Alexandre, lui dit :

« Avez-vous une chambre ? »

Et sans attendre la réponse du propriétaire il ouvrit la porte du rez-de-chaussée ; mais, peu satisfait du désordre qui y régnait, il sortit en courant. Alors Fournaise-Liban le rappelant :

« Est-ce une chambre propre que vous désirez ?

(1) Cette maison, devenue historique, comprenait un rez-de-chaussée à quatre fenêtres garnies de volets blancs, séparées entre elles par la porte d'entrée ; un seul étage à quatre fenêtres, de façade également, avec des persiennes blanches ; à droite du sentier, conduisant de la route à la maison, quelques arbustes et buissons ; à gauche, un champ de pommes de terre.

— Oui, répondit l'officier.

— J'en ai une au premier étage et je crois qu'elle n'a pas été occupée par des soldats.

— Allons voir. »

Fournaise-Liban conduisit alors le cousin du chancelier dans sa chambre, et celui-ci, après avoir fait enlever un matelas qui se trouvait là, s'empressa de rejoindre le comte de Bismarck auquel il rendit compte de sa mission.

Le chancelier sauta aussitôt à bas de son cheval et, s'approchant de la voiture de l'Empereur, il dit à Napoléon que la maison ne contenait pas de blessés, mais qu'elle était pauvre et très insuffisante.

« Peu importe », repartit l'Empereur, en descendant de voiture.

Le comte de Bismarck-Bohlen fit de suite apporter deux chaises devant la maison pour l'Empereur et le chancelier qui y restèrent assis, tout en causant, pendant quelque temps. De leur côté, les généraux français avaient mis pied à terre et étaient entrés dans le jardin ; d'abord divisés en plusieurs groupes, ils se réunirent bientôt et s'assirent sur le gazon près de la maison.

Peu commodément installés pour traiter des questions de la plus haute gravité, Napoléon et le chancelier se décidèrent peu après à quitter leurs chaises et à monter au premier étage, précédés du cousin du chancelier. Celui-ci avisant Fournaise Alexandre lui dit, en lui désignant Napoléon, — Conduisez *Monsieur*. Celui-ci reconnaissant l'Empereur le salua et l'introduisit dans la chambre où son frère et sa belle-sœur se trouvaient encore. La chambre en effet était des plus modestes ; deux chaises et une table de bois, tel en était le mobilier. Le comte de Bismarck-Bohlen redescendit aussitôt en emmenant les deux frères et en recommandant à Madame Fournaise-Liban de rester dans la chambre voisine. Puis le cousin du chancelier posta un cuirassier blanc à la porte de sortie, derrière la maison, et alla lui-même garder la porte d'entrée, pendant qu'à petite distance se tenait le hussard noir Leverstrœm, attaché à la Chancellerie. En apercevant les frères Fournaise dans le jardin, les généraux français, qui n'avaient rien pris avant de quitter Sedan, demandèrent s'ils ne pourraient pas leur fournir du vin. Comme ceux-ci en manquaient totalement, Fournaise Alexandre courut à Donchery et rapporta bientôt, de l'hôtel Courtois, six bouteilles de vin, pour lesquelles il reçut 10 francs, quoiqu'elles eussent été en réalité payées 18. Mais le Prince de la Moskowa, qui fut servi à part derrière la maison, combla le déficit en remettant plus tard une pièce de 20 francs à Madame Fournaise-Liban.

Aussitôt seuls, Napoléon commença par exprimer au comte de Bismarck le vœu d'obtenir pour l'armée des conditions de capitulation plus favorables, mais le chancelier s'excusa de ne pouvoir aborder ce sujet qui, exclusivement militaire, ne pouvait, dit-il, être vidé qu'entre les généraux de Moltke et de Wimpffen. Puis il demanda à l'Empereur s'il était en mesure de traiter des conditions de paix. Napoléon répondit que, prisonnier de guerre, il ne pouvait le faire et que les négociations devaient être envoyées au gouvernement de la Régente qui avait tous ses pouvoirs.

Le chancelier, fixé sur ce point qui, selon lui, ne ressortait pas d'une manière certaine du message envoyé la veille par Napoléon au Roi de Prusse, observa que, puisqu'il en était ainsi, l'état des choses n'était pas changé et déclara que la capitulation de Sedan devait, avant tout, constituer une garantie matérielle des résultats obtenus par l'armée allemande.

Sur ces entrefaites, le général de Moltke fut annoncé. M. de Bismarck alla précipitamment au-devant de lui et, après s'être concertés, ils rentrèrent auprès de l'Empereur.

Le général de Moltke, mis au courant de ce qui venait de se passer, se contenta d'appuyer l'opinion du chancelier, qui lui avait fait connaître sa manière de voir, et se retira pour aller instruire le Roi des pourparlers qui venaient d'avoir lieu et l'informer que Napoléon sollicitait de lui une entrevue. De plus, le général de Moltke était porteur du projet de capitulation, rédigé la veille par lui et le comte de Bismarck, afin de le soumettre à l'approbation de Guillaume.

L'Empereur, reprenant la parole, demanda au chancelier si l'on ne pouvait pas faire passer l'armée en Belgique pour l'y désarmer et l'y interner. Mais M. de Bismarck répondit que cela était impossible. Alors Napoléon fit l'éloge de l'armée dont le chancelier reconnut la valeur ; puis l'Empereur ajouta que la guerre ayant été malheureuse, il ne repoussait pas la responsabilité qui lui incombait, mais que néanmoins il devait constater qu'il n'avait obéi qu'au sentiment national violemment excité. M. de Bismarck répondit que le Roi, moins que personne, n'avait désiré la guerre ; que la Prusse avait considéré la question d'Espagne comme une simple question espagnole et non comme une question allemande.

La conversation languissant, le chancelier demanda à l'Empereur la permission de retourner à Donchery, afin d'y faire préparer la maison qu'il y occupait, en vue de le recevoir.

Aussitôt le départ de M. de Bismarck, un général français de l'escorte se présenta à la maison pour parler à l'Empereur. Introduit par Madame Fournaise-Liban, il trouva son souverain accoudé sur la table, la tête entre les mains. Quelques minutes après le général sortit, suivi bientôt par Napoléon. Avant de descendre, l'Empereur entra dans la chambre où se trouvait Madame Fournaise-Liban et la remercia de son hospitalité ; puis tirant de la poche de son gilet quatre pièces de 20 francs, il les lui donna (1).

Pendant l'absence du comte de Bismarck, Napoléon se promena quelque temps, en fumant, dans le jardin ; ensuite il revint s'asseoir, silencieux, devant la porte d'entrée, auprès de ses généraux.

(1) Les époux Fournaise-Liban conservent religieusement ces quatre pièces d'or, ainsi que celle donnée par le prince de la Moskowa. Malgré des offres, très séduisantes, ils n'ont jamais voulu s'en séparer.

Le hasard (?) voulut que les voitures de la police militaire du quartier général vinssent à faire halte, à ce moment, en vue de la maison ; mais au bout de quelques instants, le capitaine de police, comprenant sans doute l'impression pénible que ces voitures devaient causer à Napoléon, les fit éloigner.

Aussitôt de retour à Donchery, le comte de Bismarck se hâta de prévenir M. le docteur Jeanjot de la prochaine arrivée de Napoléon auquel, lui dit-il, il avait offert sa maison. Mais son hôte lui fit remarquer que sa demeure était complètement occupée et qu'il lui paraissait impossible d'accéder à sa demande. Alors le chancelier, étendant une carte sur la table, interrogea le docteur sur les maisons de campagne des environs et le pria de lui indiquer celles qui paraîtraient les plus convenables pour recevoir l'Empereur.

Le château du Faucon, trop éloigné, ne satisfit pas le comte de Bismarck ; ceux de Frénois et de Bellevue, plus près de Sedan, lui parurent dans de meilleures conditions. Peu après on vint annoncer que, grâce aux reconnaissances faites par les officiers de l'état-major général, le château de Bellevue avait été choisi pour recevoir Napoléon. Immédiatement le chancelier changea de toilette et, en grand uniforme de cuirassier blanc, le casque en tête, il repartit au galop, escorté d'un détachement de cuirassiers de la garde du Roi, pour la maison Fournaise.

En y arrivant, le comte de Bismarck aperçut le général Sheridan, qui était toujours là, et en s'approchant, il lui demanda s'il n'avait pas remarqué le tressaillement de l'Empereur lorsqu'en arrivant de Donchery il s'était approché de sa voiture. Le général américain répondit qu'en effet il en avait été frappé. « Certes, repartit le chancelier, c'est probablement à cause de mes manières un peu brusques et de mon révolver, car mes paroles ont été des plus respectueuses. » Et le comte de Bismarck ajouta que la capitulation devant être sûrement signée au château de Bellevue, il engageait le général à se diriger de ce côté.

Le chancelier fit part à l'Empereur des recherches faites en vue de trouver pour lui une installation plus confortable que celle de la maison Fournaise et du choix qui avait été fait du château de Bellevue qui réunissait, à tous égards, ce que l'on pouvait souhaiter et où il pourrait se reposer, en attendant les événements. Napoléon accepta l'offre et quelques minutes après il remonta dans sa voiture qui partit pour le château de Bellevue, accompagnée du comte de Bismarck et entourée des cuirassiers, sabre au clair.

Aussitôt le départ de l'Empereur, un officier allemand vint prendre, devant la maison, la chaise sur laquelle Napoléon s'était assis et l'emporta après avoir remis à Madame Fournaise-Liban, un billet d'un thaler (1).

Le lendemain, le chancelier revint à la maison des frères Fournaise. L'un d'eux, Fournaise Alexandre était dehors ; le comte de Bismarck le reconnut et s'approchant de lui :

« Eh bien ! vous avez eu hier la visite de l'Empereur ; il vous a fait beaucoup d'honneur. Vous le connaissiez donc, que vous l'avez salué ?

— Je n'avais jamais vu Napoléon, répondit Fournaise, mais j'ai bien vu que c'était lui.

— Comment cela ? demanda le chancelier avec étonnement.

— J'ai vu tant de fois son portrait que je l'ai reconnu aussitôt.

— Vous êtes propriétaire de cette maison ?

— De la moitié seulement ; l'autre appartient à mon frère ; c'est chez lui que j'ai conduit l'Empereur.

— Ah ! vous êtes deux frères ? Votre maison va devenir historique et cela vous vaudra une grande fortune. Comment vous appelez-vous ?

— Fournaise Alexandre.

(1) C'est la seule chaise volée. Les autres sont encore en possession des époux Fournaise-Liban.

— Peut-on voir la chambre ?

— Oui, mais il faut que vous ayez l'obligeance d'attendre car je suis forcé d'aller à Donchery chercher mon frère.

— C'est inutile. »

Et le comte de Bismarck, en s'éloignant, remit 20 francs à Fournaise Alexandre en lui disant :

« Voilà toujours 20 francs, pour vous et votre frère, puisque vous êtes deux. »

VI

AU CHATEAU DE BELLEVUE

De son côté, Guillaume, qui n'avait encore reçu aucun avis du général de Moltke au sujet des négociations qui devaient avoir lieu à Donchery pour la capitulation, quittait Vendresse vers huit heures du matin pour se rendre, comme il en avait été convenu la veille, en vue de Sedan. A Chémery, le Prince royal, qui avait passé la nuit dans ce village, monta dans la voiture du Roi. Sur la chaussée étaient arrêtées des batteries lourdes prussiennes, bavaroises et wurtembergeoises, avec leurs immenses colonnes de munitions; elles avaient reçu, dans la nuit même, l'ordre de marcher sur Sedan.

Les équipages de la Cour firent halte au bas de la côte de Cheveuges, près de Coulan, non loin de la maison Alexandre ; le Roi descendit de voiture, puis se rendit avec les généraux dans un champ à droite de la route, pour entendre le rapport du général de Moltke qui venait d'arriver. Celui-ci soumit à son souverain le projet de capitulation et le prévint que Napoléon, qui avait quitté Sedan à cinq heures du matin, attendait en ce moment près de Donchery, dans l'espoir que le Roi lui accorderait une entrevue. Guillaume approuva les termes de la capitulation, déclara qu'il ne verrait pas l'Empereur avant qu'elle ne fût signée et accepta le château de Bellevue comme lieu de rendez-vous. Puis il fut convenu que, si à midi juste tout n'était pas conclu, Sedan serait bombardé. Le général de Moltke repartit pour Donchery aussitôt et à dix heures Guillaume remonta en voiture. Tous les équipages se dirigèrent alors, sur les indications du Prince royal, vers le Mont-Piot.

« Bellevue, dit M. Georges Bastard (1), est situé sur un petit coteau dominant la vallée de la Meuse et presqu'en face de Sedan, dont il n'est éloigné que de deux kilomètres. L'aspect général du château est gai, agréable, la construction légère, élégante, d'un style fin et coquet. Le principal corps de bâtiment est un châtelet mignon, isolé, avec un étage surmonté d'un toit élevé ; deux fenêtres s'ouvrent au rez-de-chaussée, deux autres s'ouvrent au premier et sont percées de chaque côté d'une tour octogonale, flanquée au centre de la bâtisse et encastrée à demi dans la maçonnerie ; ce qui fait quatre grandes ouvertures, plus deux à la tour, au pied de laquelle se trouve une porte surmontée d'une horloge. Puis, deux grands pavillons, élégants aussi, avec hautes embrasures de fenêtres trigéminées, gothiques, fleuronnées, ornés de tourelles rondes à pignons élancés, surgissent à vingt mètres environ, à droite et à gauche, en retrait, formant deux ailes séparées, mais réunies au bâtiment central par des vérandas complètement vitrées qui décrivent une légère convexité, et au travers desquelles la vue s'étend, par devant sur Sedan et derrière sur Donchery. A droite et à gauche se trouve un perron en pierre par où l'on y accède. Enfin on pénètre sur la terrasse du château par deux grilles placées aux deux extrémités d'un saut de-loup qui en défend l'entrée (2). »

La route, qui conduit de la ferme de Bellevue au château, était tellement encombrée, surtout aux approches de

(1) *Sedan-Bazeilles dix ans après*, 1880, p. 51.

(2) On pourrait croire qu'après l'entrevue des deux souverains le château de Bellevue serait, au moins par un sentiment de haute convenance, mis à l'abri du pillage et de la destruction. Il n'en fut rien. Il fut transformé en ambulance. En réintégrant ses pénates, le propriétaire n'y retrouva guère que les murs nus et les chambres vides, avec des chiffons de linge et de charpie éparpillés au milieu des pièces. Ambulance, soit, mais pillage général ! Les Allemands n'ont même pas éprouvé ce sentiment vulgaire du respect de la propriété qui fait qu'un lieu quelconque, théâtre fortuit d'un souvenir historique, est sacré et devient inviolable.

Ajoutons que les touristes anglais ont largement coopéré au pillage, en emportant maints *souvenirs*, selon leurs habitudes.

celui-ci, par les batteries allemandes prenant position pour bombarder Sedan, s'il y avait lieu, que Napoléon, le chancelier et leur suite ne purent pénétrer à Bellevue par les grilles de la façade. On fut forcé de passer par une barrière donnant accès dans le parc qu'on dut traverser pour atteindre le château derrière lequel on mit pied à terre. Le reste de la suite de l'Empereur et ses équipages étaient déjà là. Il était dix heures et demie.

Napoléon et le chancelier gravirent le perron de la véranda (du Nord) et pénétrèrent dans un grand salon préparé en vue de la conférence qui allait avoir lieu entre les généraux français et allemands.

Traversant le salon, l'Empereur et le comte de Bismarck furent introduits dans un second salon, plus petit, et séparé du premier par une porte vitrée, où ils s'installèrent. Là, Napoléon manifesta au chancelier le désir de voir le Roi assister aux négociations, mais celui-ci répondit qu'il ne connaissait pas les intentions de son souverain. En ce moment le général de Wimpffen fut annoncé et le comte de Bismarck se retira.

« Sire, demanda le commandant en chef de l'armée « française, qu'avez-vous obtenu ?

« — Rien, répondit l'Empereur, je n'ai pu encore voir « le Roi.

« — Alors, répliqua le général, il faut que j'aille signer « les bases de la capitulation ; car il me semble qu'on « m'attend avec impatience. »

Le général rentra aussitôt dans le premier salon où il trouva réunis les généraux Borel et de Podbielski, le lieutenant-colonel de Verdy, de l'état-major général, et le comte de Bismarck. En attendant le retour du général de Moltke, on reprit la discussion, interrompue la veille, des termes de la capitulation. Le chancelier ne prit aucune part à ces négociations, mais il exposa la situation politique au point de vue international, d'après les explications qui lui avaient été fournies par l'Empereur. Pendant ces pourparlers le comte de Nostitz, suivant les ordres qu'il avait reçus secrètement du comte de Bismarck, fit demander celui-ci, en annonçant qu'il était porteur d'un message de son souverain. Le chancelier rentra peu après et informa l'Empereur que le Roi ne voulait le voir qu'après la signature de la capitulation et que de son côté il allait aller au-devant du comte de Moltke qui se faisait attendre.

Pendant ce temps les généraux français et les officiers qui les accompagnaient s'étaient réunis dans le salon de la véranda (du sud) ; seul le général Lepic resta, à cheval, près de la grille d'entrée, et là, le cœur serré, il assista à l'arrivée incessante de l'artillerie allemande (1), dont les officiers, après avoir mis les pièces en batterie sur Sedan, donnaient la hausse, comme si le bombardement allait commencer.

Le comte de Bismarck rencontra le général de Moltke aux environs de la ferme de Bellevue ; celui-ci était porteur du texte de la capitulation approuvée par le Roi. Rentrés au château de Bellevue, ils soumirent le protocole au général de Wimpffen qui, après quelques observations, l'accepta, en déclarant qu'il ne séparait pas son sort de celui de l'armée.

A onze heures et demie, le protocole fut signé ; il était ainsi conçu :

PROTOCOLE.

« Entre les soussignés,

« Le Chef de l'état-major de S. M. le Roi Guillaume, « commandant en chef de l'armée allemande, et le Com« mandant en chef de l'armée française, tous deux munis « des pleins pouvoirs de Leurs Majestés le Roi Guillaume « et l'Empereur Napoléon, la convention suivante a été « conclue :

ARTICLE PREMIER.

« L'armée française, placée sous les ordres du général « de Wimpffen, se trouvant actuellement cernée par des

(1) Le général américain Sheridan y compta 72 pièces.

« forces supérieures autour de Sedan, est prisonnière de « guerre.

ARTICLE DEUXIÈME.

« Vu la défense valeureuse de cette armée, il est fait « exception pour tous les généraux et officiers, ainsi que « pour tous les employés spéciaux ayant rang d'officier, « qui engageront leur parole d'honneur, par écrit, de ne « pas porter les armes contre l'Allemagne et de n'agir « d'aucune autre manière contre ses intérêts jusqu'à la fin « de la guerre actuelle. Les officiers et employés qui « accepteront ces conditions conserveront leurs armes et « les objets qui leur appartiennent personnellement (1).

ARTICLE TROISIÈME.

« Toutes les autres armes, ainsi que le matériel de « l'armée, consistant en drapeaux (aigles), canons, che- « vaux, caisses de guerre, équipages de l'armée, muni- « tions, etc., seront livrés à Sedan à une commission « militaire, instituée par le commandant en chef, pour « être remis immédiatement au commissaire allemand.

ARTICLE QUATRIÈME.

« La place de Sedan sera livrée ensuite dans son état « actuel, et au plus tard, dans la soirée du 2 septembre, à « la disposition de S. M. le Roi de Prusse (2).

ARTICLE CINQUIÈME.

« Les officiers qui n'auront pas pris l'engagement men- « tionné à l'article 2, ainsi que les troupes désarmées, « seront conduits, rangés d'après leurs régiments ou corps « et en ordre militaire. Cette mesure commencera le « 2 septembre et sera terminée le 3. Ces détachements « seront conduits sur le terrain bordé par la Meuse, près

(1) Cet article a été généralement désapprouvé dans l'armée, comme contraire aux règlements militaires.

(2) La place de Sedan fut comprise dans la capitulation sans avoir été consultée et sans qu'aucune condition ait été stipulée en sa faveur.

« d'Iges, pour être remis aux commissaires allemands par « leurs officiers, qui céderont alors le commandement à « leurs sous-officiers. Les médecins militaires, sans exception, resteront en arrière pour prendre soin des blessés.

« Fait à Frénois (1), le 2 septembre 1870.

« De Wimpffen. De Moltke. »

Modèle de déclaration à faire pour les officiers qui désirent rentrer en France.

« Le (grade, emploi, nom) engage sa parole d'honneur « de ne point porter les armes contre l'Allemagne, et de « n'agir d'aucune manière contre ses intérêts jusqu'à la « fin de la guerre actuelle.

« Sedan, le (Signature). »

Ce modèle de déclaration, envoyé le 2 septembre aux chefs de corps, fut modifié presque immédiatement et remplacé par le suivant qui dut être entièrement écrit de la main des officiers :

« Je soussigné, m'engage, pendant la durée de la guerre « contre le gouvernement français, à ne point remplir de « service militaire et à n'exercer aucune action contraire « aux intérêts de l'Allemagne.

« Ceci, je le promets et je m'y engage sur ma parole « d'honneur.

« Sedan, le

« *(Signature, avec nom, prénoms, grade, régiment et corps).* »

Après avoir apposé sa signature, le général, fort émotionné, se retira et entra chez l'Empereur. Napoléon, en apprenant que tout était terminé, prit les mains du général, et, les yeux remplis de larmes, l'embrassa douloureusement.

Entre midi et une heure, les généraux français rentraient à Sedan.

(1) Le château de Bellevue est situé sur le territoire de Glaire-et-Villette, et non sur celui de Frénois.

D'autre part, le général de Moltke et le chancelier partaient à la rencontre du Roi pour lui remettre le protocole; le capitaine d'Alten, de l'état-major général, les précédait; quand ils arrivèrent auprès de Guillaume, ils trouvèrent leur souverain en train de déjeuner sur une borne de la route qui descend du Mont-Piot à la ferme de Bellevue. L'arrivée de ces deux personnages procura un sensible soulagement à beaucoup d'assistants, car chaque minute écoulée rapprochait le moment du commencement du bombardement pour lequel les canons des sept corps d'armée et ceux de la division wurtembergeoise, c'est-à-dire plus de 700 pièces, étaient en batterie.

Le visage de Guillaume s'éclaira quand il tint la capitulation entre ses mains; il la parcourut et la donna ensuite au général-lieutenant de Treskow, aide de camp général, pour la lire tout haut. Quand la lecture fut terminée, le Roi se tourna vers les princes, debout auprès de lui, et leur dit d'une voix émue:

« Vous connaissez maintenant, Messieurs, le grand « événement qui vient de s'accomplir et qui sera une date « dans l'histoire du monde. Je dois ce résultat aux exploits « des armées alliées, auxquelles il me faut payer, surtout « en ce moment, le tribut de ma royale reconnaissance. « Ces grands succès sont bien propres à cimenter encore « davantage notre union avec les princes de la confédération de l'Allemagne du Nord et mes autres alliés, et dont « je vois rassemblés autour de moi, en cet instant solennel, « de nombreux membres appartenant aux familles régnantes. Il nous est donc permis d'espérer un heureux avenir. « Toutefois, notre tâche n'est pas encore terminée après « ce qui s'accomplit actuellement sous nos yeux; nous « ignorons comment cet événement sera accepté et jugé « par le reste de la France. Il faut donc rester prêts à « combattre; mais dès à présent, j'exprime ma gratitude « à chacun de ceux qui ont apporté une feuille à la couronne de lauriers de notre glorieuse patrie. »

Peu après le Roi adressait à la Reine Augusta la dépêche suivante :

« Devant Sedan, 2 septembre, 1 h. 1/2 de l'après-midi.

« La capitulation par laquelle toute l'armée est prison-
« nière de guerre à Sedan, vient d'être conclue avec le
« général de Wimpffen qui avait pris le commandement à
« la place du maréchal de Mac-Mahon blessé. L'Empereur
« ne m'a rendu que sa personne, puisqu'il n'a pas le com-
« mandement, et a laissé à la régence, à Paris, le soin du
« gouvernement. Je déterminerai le lieu de sa résidence
« après m'être entretenu avec lui dans une entrevue qui
« va avoir lieu de suite. Quelle tournure la Providence a
« donnée aux événements !

« GUILLAUME. »

Aussitôt on amena les chevaux, et le Roi, en tenue de campagne, capote, casque et sabre de fusilier, escorté de son fils, des princes et d'une suite nombreuse, se dirigea, à travers les bivouacs bavarois, vers Bellevue.

Des hourras criés par mille voix signalèrent bientôt l'arrivée de Guillaume. Le Roi, qui avait passé, comme l'Empereur, par la barrière de la route, trouva les abords du château disposés d'une manière réellement théâtrale. Le décor en était, il faut en convenir, grandiose ; à gauche étaient réunis, à cheval ou à pied, de nombreux officiers allemands, aux costumes variés ; à droite, se tenait une partie de la suite de l'Empereur ; en avant, sur les pelouses, un bataillon de Bavarois, aux uniformes bleu de ciel, était en bataille ; derrière lui, et surgissant, un escadron de cuirassiers blancs ; à l'horizon, encadré par les arbres du parc, la large vallée de la Meuse avec les hauteurs qui la dominent.

Guillaume, en arrivant près du château, salua l'assistance et mit pied à terre au bas du perron de la véranda (côté nord), où il fut reçu par le général Castelnau. Montant vivement l'escalier, le Roi, le casque sous le bras, entra dans le salon, témoin de la capitulation, où étaient réunis les aides de camp de l'Empereur. Troublé, ému, il ne vit d'abord que l'état-major debout pour le recevoir et qu'il salua; puis apercevant le général Reille, il lui pressa la main et dit quelques mots au général de la Moskowa (1).

Tout à coup, il aperçut l'Empereur qui l'attendait à la porte du petit salon; il eut un instant de saisissement. Napoléon avait son épée.

« Eh bien! Sire, dit le Roi, en tendant la main à l'Em-
« pereur, le sort des armes a décidé! »

Sur ces mots les deux souverains entrèrent dans le salon. Pendant tout l'entretien, ils restèrent debout, le Roi, au milieu de la pièce, le casque à la main, le côté droit tourné vers la fenêtre du parc; l'Empereur, appuyé à une commode, à gauche de la porte donnant sur le premier salon.

Le prince Achille Murat et le général Lepic fermèrent la porte sur eux et comme elle était difficile à joindre, à cause de l'humidité, une troisième personne vint les aider. C'était le Prince royal qui venait d'entrer, après avoir fait une ample distribution de la croix de fer aux officiers qui étaient au dehors. Comme le prince et le général saluaient le fils du Roi et qu'ils faisaient mine de s'éloigner, celui-ci les retint. « Restez, Messieurs, dit-il, si c'est votre service ». Mais reconnaissant le prince, il lui donna la main et il l'entraîna dans un coin; le général Lepic resta seul, voyant par les glaces ce qui se passait, mais sans entendre.

L'entrevue de Napoléon et de Guillaume ne dura qu'un quart d'heure. Tout ce qu'on sut, c'est qu'ils étaient fort émus tous deux; que le Roi fit l'éloge de l'armée française et de sa bravoure; que Napoléon émit la supposition qu'il avait eu devant lui le prince Frédéric-Charles, supposition aussitôt rectifiée par le Roi qui dit que son fils et le prince de Saxe étaient avec lui tandis, que le prince Frédéric-Charles était, de son côté, devant Metz avec sept corps

(1) Le général était assez souffrant; la veille il avait été désarçonné sur le pont de Meuse, au moment où un obus éclatait près de l'Empereur.

d'armée. Un officier d'artillerie wurtembergeois a raconté que, se trouvant à cheval devant la fenêtre du salon, il put plonger du regard dans cette pièce et qu'il vit le Roi prendre une carte qu'il montra à l'Empereur assez longtemps, en parlant avec animation et en indiquant la carte de temps en temps du doigt (1). Puis, ajoute-t-il, son souverain tira de sa poche un grand papier que l'Empereur signa ??

L'entrevue terminée, le Roi et l'Empereur se levèrent et allèrent jusqu'au perron où ils se serrèrent la main. Guillaume fit le salut militaire et remonta à cheval pour aller visiter le champ de bataille. Il était deux heures et demie.

Au moment où le Roi s'éloignait, Napoléon aperçut le Prince royal auquel il tendit la main. L'Empereur exprima alors au prince toute sa reconnaissance pour la générosité que lui avait témoignée le Roi. Celui-ci lui demanda s'il avait pu se reposer un peu. Napoléon répondit que non, tant était grande son inquiétude pour les siens dont, depuis huit jours, il n'avait pas de nouvelles. Puis il demanda à leur télégraphier en chiffres ; ce qui fut accordé.

La dépêche, adressée à l'Impératrice, portait :

« L'armée est défaite et captive, moi-même je suis
« prisonnier.

« Napoléon (2). »

Après le départ du Prince royal, l'Empereur envoya, muni d'un sauf-conduit, le général Lepic à Sedan, avec mission de donner l'ordre aux payeurs de l'armée de distribuer l'argent des caisses aux officiers et soldats. Ce qui put être fait en partie. Puis Napoléon se promena quelque temps dans le parc où se trouvait une garde d'honneur allemande... surveillant le château. Le soir on mangea

(1) Le Roi évidemment désignait Wilhelmshœhe comme résidence où l'Empereur, prisonnier, devait se rendre.

(2) La dépêche ne parvint à Paris que le 3.

peu, et c'est à peine si l'on put trouver du pain. L'Empereur coucha, au premier étage, dans l'appartement du propriétaire (1).

Les généraux de l'état-major s'installèrent, comme ils purent, un peu partout.

---

(1) Par une singulière coïncidence le château de Bellevue, où se signa la capitulation, appartenait à M. Louis Amour, frère du maire de Donchery, chez lequel avait eu lieu la veille l'orageuse conférence des généraux de Wimpffen, de Moltke et du comte de Bismarck.

VII

A BOUILLON

LE GÉNÉRAL DE WIMPFFEN — LE CAMP DE LA MISÈRE

Le lendemain, 3 septembre, à huit heures du matin, le général d'infanterie de Boyen, aide de camp du Roi, et le prince de Lynar, lieutenant des gardes d'état-major, arrivèrent à Bellevue ; ils avaient été désignés pour accompagner l'Empereur et le conduire, par la Belgique, à Wilhemshœbe (1).

A neuf heures, Napoléon quitta le château et se dirigea vers Donchery. Auprès de lui, dans un coupé, conduit par un postillon et deux chevaux, avait pris place le général de service, Castelnau. Un char à bancs découvert suivait, avec le général de Boyen, le prince de Lynar et d'autres officiers allemands ; puis venaient les officiers de la maison de l'Empereur, de nombreux fourgons et une soixantaine de chevaux conduits par des grooms. Une escorte de hussards noirs de la mort précédait le cortège ; il pleuvait à verse.

Au moment où l'on traversait Donchery, encombré de troupes, une fenêtre s'ouvrit ; un homme de haute stature parut et s'inclina : c'était le comte de Bismarck qui salua également les officiers. Sous la porte de la maison occupée par le chancelier, le comte de Solms, le lorgnon dans l'œil, en uniforme, fit à l'Empereur un salut assez sec. De Donchery on gagna Montimont ; en route on croisa le duc de Saxe-Cobourg-Gotha qui, galopant à la tête d'un déta-

(1) Colline de Guillaume.

chement, salua Napoléon. Celui-ci, en réponse, lui fit un signe amical, sans s'arrêter.

Après avoir traversé le bois du Sugnon, on se dirigea, par Illy et La Chapelle, vers Bouillon.

Ici, donnons la parole au général Lepic, le seul témoin qui ait, croyons-nous, raconté cette cruelle et lugubre étape.

« .... Pendant que nous suivions au pas un chemin « encombré de morts et de blessés, l'armée prussienne « tout entière défila près de nous, ou plutôt on nous donna « en spectacle à nos vainqueurs. Ce furent ensuite nos « canons et nos mitrailleuses qui vinrent couper la route « et que nous vîmes emmener ; puis nos aigles que por- « taient des dragons bavarois ; puis des blessés et des « blessés encore. Enfin, le détour de la route nous éloigna « de ce triste spectacle ; nous nous enfonçâmes dans un « chemin creux qui nous rapprochait de la Belgique.

« Là nous était réservée la dernière et suprême épreuve. « Au-devant de nous arrivait la colonne des prisonniers « que l'on ramenait désarmés sur Sedan. Soldats, sous- « officiers, officiers, tout était pêle-mêle, quelques-uns « blessés, soutenus par les autres, beaucoup se traînant « épuisés sur des bâtons ramassés en chemin.

« La route était déserte. Rien qu'eux et nous. En tête de « la colonne, un groupe d'officiers de tous grades ouvraient « la marche. Ils nous regardaient venir avec étonnement « et inquiétude. A quelques pas de la voiture, l'un d'eux, « s'adressant à moi : (1)

« — Est-ce que l'Empereur est pris ?

« Un signe fut ma réponse ; j'arrêtai mon cheval et « je découvris la portière.

« Il aperçut l'Empereur et, s'arrêtant, il leva son képi.

« — Vive l'Empereur ! cria-t-il, et ce cri fut répété par « tous les autres.

(1) Le général était à la portière du coupé, dont les glaces étaient relevées.

« En une seconde, ce fut comme une traînée de poudre.
« Malgré la garde des hussards, la ligne fut rompue, le
« coupé entouré, et le cri de « Vive l'Empereur » reten-
« tissait partout ; pour la dernière fois, on fut obligé de
« faire halte et les Prussiens usèrent de violence pour
« disperser nos hommes et faire reprendre la marche. Ils
« coupèrent la colonne, et, pendant que nous suivions le
« chemin creux, ils firent passer les prisonniers sur la
« crête du talus ; mais là encore, les soldats saluèrent le
« souverain vaincu, et les cris de « Vive l'Empereur ! »
« durèrent tant que passèrent les prisonniers.

« Nous marchâmes au pas longtemps, bien longtemps.
« ....Au haut d'une colline, une calèche arriva de la fron-
« tière et s'arrêta près de nous. C'était le comte de Mon-
« tholon qui venait de la part de notre chargé d'affaires à
« Bruxelles, M. de Laboulaye, prendre les ordres de celui
« qu'il croyait encore son maître. L'Empereur descendit
« de voiture,... et après un court entretien, nous repar-
« tîmes et le comte vint avec nous. A la frontière, le
« général Chazal vint saluer l'Empereur, de la part du Roi
« des Belges et prendre les ordres de Sa Majesté.

« On congédia les hussards de la mort et, escorté d'un
« détachement de lanciers belges, on continua sur Bouillon.

« .... On m'envoya à Bouillon préparer les logements et
« quand j'arrivai sur la place, je fus entouré en une minute
« par mille personnes parlant à la fois et demandant des
« nouvelles. Il se trouvait là beaucoup de Français réfugiés
« et fort anxieux. Mon discours fut bref : « Nous sommes
« battus, l'Empereur est pris et on l'amène ». Tout le
« monde se mettait à ma disposition... »

A cinq heures du soir, l'Empereur arriva à Bouillon où une foule immense l'attendait ; mais on ne put le voir, car la voiture entra au grand trot sous la porte de l'Hôtel de la Poste. En descendant de son coupé, Napoléon s'arrêta quelques minutes dans le vestibule dallé du rez-de-chaussée, puis saluant les officiers allemands qui l'entouraient, il monta dans sa chambre dont les fenêtres étaient fermées.

Vers sept heures, l'hôtesse vint prévenir l'Empereur que son repas était servi. En pénétrant dans la salle à manger où il trouva sa maison militaire, neuf officiers allemands et le colonel des lanciers belges qui l'avait escorté depuis la frontière, Napoléon salua de la main et s'assit.

Au dehors la foule stationnait toujours et son murmure était le seul bruit qui troublait le silence de la table impériale. L'Empereur ne mangea pas; au bout de quelques minutes, et repoussant son fauteuil, il demanda aux convives la permission de se retirer; il les salua de la main, comme en entrant, et remonta dans sa chambre, après avoir prié qu'on lui servît du thé. Quand on monta le thé, on dut frapper plusieurs fois; on entra, Napoléon était dans un fauteuil près de la cheminée vide; il demanda si l'on pouvait lui faire du feu; on lui en fit. L'Empereur se promena longtemps dans sa chambre, puis se coucha, personne n'étant venu le voir. Un domestique s'étendit sur un matelas, en travers de la porte.

« Le lendemain, dit le général Lepic, l'Empereur me fit « appeler.

« — Je vous prie, me dit-il, de tâcher de gagner Paris « le plus vite possible. Voyez l'Impératrice, les ministres, « voyez tout le monde; racontez ce que vous venez de voir. « Dites la vérité, dites-la entière et complète. La vérité « seule peut faire comprendre l'affreux malheur qui vient « d'arriver; la vérité seule doit nous faire absoudre. »

« Il se leva et me tendit les mains; sa figure était pâle, « ses yeux remplis de larmes qui coulaient le long de ses « joues et sur sa moustache; sa voix était émue.

« — Allez, partez; vous reviendrez vers moi ensuite; « mais aujourd'hui j'ai besoin de votre dévouement et j'y « compte. »

« Je m'inclinai; j'allais partir, lorsque me rappelant:

« — Vous m'accompagnerez jusqu'à Libramont, » me « dit-il.

« On fit avancer les voitures. La place était pleine de « monde. Les Français réfugiés, hommes et femmes se

« pressaient autour du perron qu'il devait descendre. A « sa vue, ce ne fut pas un cri, ce ne fut pas un hourra, ce « fut une chose indescriptible ; la foule produisit une de « ces rumeurs dont elle a le secret, et qui sont immenses « sans être bruyantes. Toutes les têtes se découvrirent, et « il se fit un mouvement en avant de sympathie univer- « selle vers l'Empereur. »

Ajoutons que cette sympathie se manifesta encore pendant le passage de Napoléon à travers la Belgique. Elle avait pris un caractère si enthousiaste, que le comte Seckendorf, qui faisait partie de l'escorte, dut attirer l'attention du général Castelnau, aussi bien que des officiers belges, sur les suites de semblables démonstrations.

LE GÉNÉRAL DE WIMPFFEN

Résolu de ne pas séparer son sort de celui de l'armée qu'il avait eu l'honneur de commander, le général de Wimpffen, à peine rentré à Sedan, lui adressa la proclamation suivante :

« Sedan, le 2 septembre 1870.

« SOLDATS !

« Hier, vous avez combattu contre des forces très supérieures. Depuis le point du jour jusqu'à la nuit vous avez résisté à l'ennemi avec la plus grande valeur et brûlé jusqu'à votre dernière cartouche. Epuisés par cette lutte, vous n'avez pu répondre à l'appel qui vous a été fait par vos généraux et par vos officiers pour tenter de gagner la route de Montmédy et de rejoindre le maréchal Bazaine. Deux mille hommes seulement ont pu se rallier pour tenter un suprême effort. Ils ont dû s'arrêter au village de Balan, et rentrer dans Sedan, où votre général a constaté avec douleur qu'il n'existait ni vivres, ni munitions de guerre.

« On ne pouvait songer à défendre la place, que sa situation rend incapable de résister à la nombreuse et puissante artillerie de l'ennemi.

« L'armée, réunie dans les murs de la ville, ne pouvait ni en sortir, ni la défendre ; les moyens de subsistance manquant pour la population et pour les troupes, j'ai dû prendre la triste détermination de traiter avec l'ennemi.

« Envoyé au quartier général prussien, avec les pleins pouvoirs de l'Empereur, je ne pus d'abord me résigner à accepter les clauses qui m'étaient imposées. Ce matin seulement, menacé d'un bombardement auquel nous n'aurions pu répondre, je me suis décidé à de nouvelles démarches, et j'ai obtenu des conditions dans lesquelles nous sont évitées, autant qu'il a été possible, les formalités blessantes que les usages de la guerre entraînent le plus souvent en pareille circonstance.

« Il ne nous reste plus, officiers et soldats, qu'à accepter avec résignation les conséquences de nécessités contre lesquelles une armée ne peut lutter : manque de vivres et manque de munitions pour combattre.

« J'ai, du moins, la consolation d'éviter un massacre inutile et de conserver à la patrie des soldats susceptibles de rendre encore dans l'avenir de bons et brillants services (1).

« *Le général commandant en chef,*

« DE WIMPFFEN. »

Le 3 septembre, au moment de quitter la ville de Sedan, le général fit les adieux de l'armée aux habitants par les quelques mots suivants :

« Le général, commandant les troupes dans les journées des 1er et 2 septembre, vous remercie de l'hospitalité sans limites que vous leur avez accordée. Vous vous êtes imposé les plus dures privations pour satisfaire aux exigences

(1) Cette proclamation ne fut portée à la connaissance de l'armée qu'après avoir été communiquée aux généraux qui s'étaient tenus en permanence au quartier général.

d'hommes blessés, épuisés ou malades par suite de luttes successives.

« Vous laissez dans le cœur de tous un sentiment de reconnaissance qu'il était de mon devoir de vous exprimer.

« De la part de tous, merci.

« *Le général de division,*

« De Wimpffen (1). »

Comme suite à ces adieux et à ces marques de reconnaissance, nous croyons devoir reproduire l'adresse — peu connue — que les habitants de Sedan envoyèrent au général de Wimpffen, après la guerre.

« Les soussignés, habitants et anciens gardes nationaux de la ville de Sedan, croient devoir vous témoigner toute leur gratitude et leur estime la plus sincère, pour avoir tenté, par un acte d'héroïsme digne d'un soldat, d'épargner à notre malheureuse cité l'opprobre qui s'est attaché à son nom depuis le 1er septembre 1870.

« Nous sommes intimement convaincus que, conservant jusqu'au dernier moment la déférence et le respect dus à l'Empereur, vous ne vous êtes résigné que contraint et forcé à signer une capitulation sans exemple dans notre histoire militaire, et que vous vouliez à tout prix éviter.

« En voulant tenter un effort suprême, pour épargner au souverain la honte de rendre son épée, vous accomplissiez non seulement le devoir le plus sacré, vous évitiez à la France les défaillances qui ont suivi.

« Lorsque, enveloppé de toutes parts, et dès le commencement de la journée, n'ayant plus de retraite possible, vous poussiez ce cri traditionnel dans l'armée française : En avant! vous vous montriez un digne descendant des soldats d'Arcole et de Rivoli.

« Bien que privée pour le moment de vos services, nous osons espérer, Monsieur le général, que l'armée retrouve-

(1) Cette lettre fut remise par le général de Wimpffen, lui-même, au maire de Sedan.

rait en vous, en face de nouveaux dangers, le héros d'Afrique, de Crimée et d'Italie, pour venger la cité de Turenne.

« Veuillez agréer, Monsieur le général, l'expression de nos sentiments distingués (1). »

Le 4, le général de Wimpffen quitta Sedan pour se rendre en captivité à Stuttgard.

Terminons par un extrait du rapport officiel du Conseil d'enquête sur la capitulation de Sedan.

Procès-verbal de la séance du 4 janvier 1872

présidée par le Maréchal Baraguey-d'Hilliers.

« ....Il doit (le Conseil) constater également qu'en réclamant le commandement en chef de l'armée, par suite de la lettre du ministre de la guerre, sans avoir de plan arrêté, ainsi qu'il le dit lui-même, et dans l'espoir, après avoir jeté les Bavarois dans la Meuse, de revenir battre l'aile droite des Allemands, ou enfin de s'ouvrir un passage sur Carignan ou Montmédy, le général de Wimpffen a fait preuve de conceptions trop peu plausibles ou justifiées, pour ne pas avoir une grande partie de la responsabilité des funestes événements qui amenèrent la capitulation. Mais il importe de bien définir la part de responsabilité qui incombe à ce général, dans l'acte même de la capitulation, et les termes dans lesquels elle fut rédigée. Or il paraît bien prouvé au Conseil que le Souverain, en faisant hisser le drapeau blanc sur la citadelle, sans avoir pris l'avis du général en chef, le dégageait de toute responsabilité sous ce rapport et l'assumait tout entière.

« Le Conseil doit donc louer le général de Wimpffen de

(1) Cette adresse était, paraît-il, couverte de plusieurs centaines de signatures, que nous regrettons de ne pouvoir reproduire, nos recherches étant restées sans résultat. Ajoutons que nous n'avons pas été plus heureux au sujet d'un point assez délicat. Est-il vrai, comme on l'a écrit, qu'à la fin de la journée du 1er septembre, le Conseil municipal implora, au nom des habitants, la cessation du feu ? Du reste, les délibérations du Conseil manquent, aux dates des 1er, 2, 3, 4 et 5 septembre.

s'être constamment opposé à cette capitulation. Mais il doit dire aussi qu'ayant accepté de la négocier, il a eu le tort de ne pas faire maintenir le principe, consenti par l'ennemi (lors de la première entrevue et dont il avait donné connaissance au Conseil tenu le matin) de laisser tous les officiers en possession de leurs armes et de leurs bagages, article malheureusement modifié en faveur des seuls officiers qui, en se retirant dans leurs foyers, donneraient leur parole d'honneur de ne pas servir contre l'ennemi pendant la guerre.

« Le Conseil blâme vivement le général de Wimpffen d'avoir admis cette exception, contraire à l'article 256 du décret du 13 octobre 1863, lequel prescrit aux officiers de ne jamais séparer leur sort de celui de leurs soldats, exception qui tend à affaiblir, chez les officiers, le sentiment du devoir et de résistance à l'ennemi, et n'est qu'une prime à la faiblesse. »

LE CAMP DE LA MISÈRE

Pendant que se terminait à Bellevue le drame pénible, sans exemple dans l'histoire, que nous avons raconté, à l'intérieur de Sedan les généraux et les états-majors s'étudiaient à remettre un peu d'ordre dans notre malheureuse armée ; et le lendemain, conformément aux ordres venus de l'état-major prussien, on dut se mettre en mesure de la diriger sur la presqu'île d'Iges.

Au nord-ouest de Sedan, à deux kilomètres de la ville, la Meuse décrit une courbe très prononcée pour aller derrière la hauteur d'Iges, et de là, revenant sur elle-même, elle forme une presqu'île en fer à cheval dont les extrémités sont reliées par le canal de dérivation de Villette à Glaire. C'est dans cet espace, d'une contenance d'environ 400 hectares, entouré d'eau de tous côtés, que nos ennemis parquèrent 80,000 de nos soldats. C'est là le

« camp de la misère, » comme l'appelaient ces infortunés qui allaient y subir les tortures occasionnées par la soif, la faim, le froid et les brutalités des officiers prussiens. Cependant, malgré les canons, braqués devant chaque pont, malgré un cordon de sentinelles, placées à deux pas l'une de l'autre sur les rives de la Meuse, avec ordre de faire feu sur les fuyards, malgré le poste de police, établi à Glaire par l'ennemi, des officiers purent, déguisés en paysans, franchir les ponts sans être reconnus et recouvrer leur liberté ; à la faveur de la nuit, des soldats osèrent traverser la Meuse à la nage et s'échapper, au nord de la presqu'île, par les bois du Sugnon et de la Falizette.

Le 3 septembre, les armes ayant été déposées sur les emplacements qu'occupait l'armée (1), chaque corps eut l'ordre de quitter successivement la place et de se rendre au camp maudit.

Par un orage épouvantable, le 1er corps commença ce triste mouvement qui s'effectua par la porte de Paris (2). Mais ce seul et étroit passage était insuffisant pour l'écoulement des troupes et la sortie ne put s'opérer que difficilement. Le colonel prussien Henduck, qui commandait la place de Sedan, irrité de la lenteur du mouvement, menaça alors de faire entrer les troupes prussiennes, la baïonnette au canon, si en trois heures la ville n'était pas complètement évacuée. En présence de cette attitude barbare, le maire de Sedan, M. Philippoteaux, accompagné de MM. Martinot et Vesseron, intervint auprès du colonel auquel il demanda l'autorisation de faire ouvrir la porte de Glaire, afin d'avoir un second débouché qui pût accélérer la sortie. L'autorisation obtenue, le Maire et M. Vesseron se rendirent à la porte de Glaire dont le pont-levis fut levé, et les troupes, passant à droite du cimetière de Torcy, purent plus facilement et plus rapidement se diriger vers Glaire.

(1) Beaucoup furent brisées ou jetées dans la Meuse.

(2) Des caisses, des cantines qui avaient été déposées provisoirement à cette porte pendant le défilé, furent, c'est triste à dire, pillées par l'habitant.

Le lendemain, toute l'armée prisonnière était rendue au camp de la misère. Elle avait défilé triste, mais calme et noble devant la double rangée de sentinelles qui, de la main, lui indiquaient le chemin à suivre.

Villette, Iges et la Tour-à-Glaire avaient été pillés primitivement par l'ennemi, en sorte que, par suite de la rareté de la paille, les prisonniers furent obligés de coucher sur le sol trempé par la pluie. Tous les services étant désorganisés, l'intendance disparue, des officiers furent choisis dans chaque division pour faire fonctions d'intendants ; mais le peu de vivres emportés de Sedan, les pommes de terre arrachées dans les champs, le bétail, en petit nombre, trouvé chez les habitants, furent bien vite dévorés. Dans cette horrible prison en plein air, les soldats se battirent, en s'arrachant cette maigre nourriture et, s'ils n'eussent point été désarmés, des scènes de carnage, en vue de se disputer une croûte de pain, se seraient certainement produites. On mourait littéralement de faim. Les Bavarois, auxquels la garde des prisonniers avait été confiée, offraient aux soldats français du pain et du tabac, à des prix fous ; d'autres, des Français, hélas ! leur vendaient du pain à 20 francs la livre ; un litre de bière, 10 francs ; une couverture usée, 150 francs.

L'eau potable devint bientôt insuffisante, et on dut recourir à l'eau de la Meuse, avec l'autorisation et sous la surveillance des Prussiens ; mais quelle eau ? eau putréfiée par les corps et les dépouilles des chevaux qu'on y avait jetés après la bataille !

Le 4, le commandant du 1er corps se rendit à Donchery pour obtenir du Prince royal une distribution de vivres ; il ne reçut à ce sujet que des promesses vagues qui ne furent qu'imparfaitement remplies. Le bois commençait à manquer ; il n'était pas question de faire des feux de bivouacs qui eussent été si nécessaires cependant, mais il fallait du combustible pour la cuisson des aliments ; pour cette cuisson même les ustensiles, dont beaucoup de soldats s'étaient débarassés à Sedan, étaient insuffisants. La viande, fournie surtout par les chevaux, dont une grande quantité avait été traînée à la suite de l'armée, sauva la vie à nos pauvres soldats, mais comme d'un autre côté ces chevaux pour la plupart succombèrent faute de subsistance, il y eut un moment d'angoisse. A la perspective d'être affamé se joignit la crainte d'être empoisonné par les miasmes putrides que répandaient les corps des chevaux morts, corps qu'on ne pouvait enterrer, en temps opportun, faute d'instruments pour creuser des fosses. Bientôt des fièvres intenses, des douleurs d'entrailles, des rhumatismes aigus atteignirent nos malheureux soldats qui pouvaient à peine se tenir debout. Et comme, d'après l'article 5 du protocole, les médecins militaires, sans exception, devaient rester en arrière pour prendre soin des blessés, ces victimes d'une négligence cruelle furent abandonnés à leurs souffrances. Seuls quelques médecins de l'ambulance anglo-américaine vinrent donner des soins aux malades, mais ils ne firent que passer et, à leur grand regret, ils ne purent rendre que de sommaires services.

Le 5, le peu de biscuits, qu'on avait distribué aux soldats avant qu'ils ne quittassent Sedan, était entièrement consommé. Le 6, le commandant du 12e corps, outré de la cruauté inqualifiable de l'ennemi, prit le parti de s'adresser au commandant de la place de Sedan, le général prussien Bernardi ; faisant appel à son humanité, il lui exposa la situation déplorable des prisonniers. Grâce à cette légitime intervention, le lendemain, dans la matinée, les Bavarois amenèrent au camp un convoi de biscuit-pain et un certain nombre de têtes de bétail. Avis fut donné, en même temps, que chaque jour on viendrait s'enquérir des besoins des soldats ; dès lors, leur existence était à peu près assurée.

« Un seul homme manquait au milieu de nous, dit un prisonnier (1), bien que le rapport officiel, qu'il envoya au ministre le 5 septembre, daté de Fays-le-Veneur (Belgique), déclare qu'il n'avait pas voulu séparer son sort de celui de

(1) *Histoire de l'armée de Châlons*, par un volontaire de l'armée du Rhin (1871).

ses compagnons d'armes : c'était le général de Wimpffen lui-même.... »

Le 5, avait commencé l'évacuation du camp. Chaque détachement, composé d'environ 1,500 hommes, fut dirigé, sous la surveillance d'une escorte de soldats allemands, sur l'Allemagne en passant par Carignan. Ces escouades ne comptaient d'abord que des sous-officiers et des soldats, mais plus tard des officiers y figurèrent seuls.

Beaucoup de ces malheureux prisonniers, épuisés par les misères du camp, exténués par la longueur de la route, succombèrent en Allemagne ; ils rêvaient de revoir la France après tant de cruelles épreuves. Ils reposent en terre maudite !

OUVRAGES CONSULTÉS

Sedan, par le général de Wimpffen.

La bataille de Sedan, les véritables coupables, par le général de Wimpffen ; *Histoire complète, politique et militaire*, par E. Corra.

La journée de Sedan, par le général Ducrot.

Belfort, Reims, Sedan, le 7e corps de l'armée du Rhin, par le prince Bibesco.

Guerre de 1870, Bazeilles-Sedan, par le général Lebrun.

Guerre franco-allemande. Bazeilles, Sedan, 10 ans après, par G. Bastard.

La troisième invasion, par Eug. Véron.

La guerre de 1870. Documents officiels allemands, par W. Filippi.

La bataille de Sedan, par Léo Joubert.

Les armées allemandes à Sedan, par un Sedanais (François-Franquet).

Sedan en 1870. La bataille et la capitulation, par un Sedanais (François-Franquet).

Français et Allemands, par Dick de Lonlay.

Sedan pendant la guerre et l'occupation, par H. Rouy.

L'Echo des Ardennes.

La Revue de Champagne et de Brie.

La guerre franco-allemande de 1870-71, rédigée par la section historique du grand état-major prussien.

Mémoires du maréchal de Moltke.

Mémoires du général Bronsart de Schellendorff.

Mémoires du général américain Sheridan.

Souvenirs de Frédéric III.

L'Empereur Guillaume, par L. Schneider (souvenirs intimes, revus et annotés par l'Empereur).

Le comte de Bismarck et sa suite, par M. Busch.

Etc., etc.

TABLE DES MATIÈRES

PAGES

Sedan. — Imprimerie de Jules LAROCHE, rue Gambetta, 22.

www.ingramcontent.com/pod-product-compliance
Ingram Content Group UK Ltd.
Pitfield, Milton Keynes, MK11 3LW, UK
UKHW031929260826
14628UKWH00003B/1496

9 782011 911476